I0166872

LAS HISTORIAS DEL FÚTBOL FEMENINO MÁS INSPIRADORAS DE TODOS LOS TIEMPOS

¡PARA ADOLESCENTES!

MICHAEL LANGDON

Copyright © 2024 por Michael Langdon

Todos los derechos reservados.

Queda prohibida la reproducción total o parcial de esta obra en cualquier forma o por cualquier medio electrónico o mecánico, incluyendo sistemas de almacenamiento y recuperación de información, sin permiso por escrito del autor, excepto para el uso de citas breves en una reseña de libro.

A las heroínas anónimas:
Las valientes madres que animan
a sus hijas a romper estereotipos.

CONTENTS

ANTES DE EMPEZAR

Hemos diseñado los capítulos para que se lean como historias independientes, así que si lo deseas, ¡sáltate directamente al capítulo de tu heroína favorita!

INTRODUCCIÓN

Fue en el corazón de Lancashire, en Inglaterra, en medio de la tumultuosa era de la Primera Guerra Mundial, donde un grupo de mujeres resilientes encendió una chispa. Una chispa tan poderosa que trascendería el paso del tiempo, alimentando e inspirando a incontables generaciones de mujeres jóvenes después de ellas.

Este grupo especial de damas sentó las bases que verían al fútbol femenino crecer hasta convertirse en el movimiento global que es hoy en día.

Es apropiado que comencemos este libro rindiendo homenaje a las pioneras que fueron las Dick, Kerr Ladies.

CHAPTER I

DICK, KERR LADIES — PIONERAS DE LA POSIBILIDAD

A MEDIDA QUE SE DESARROLLABA LA PRIMERA GUERRA Mundial en 1914, la demanda de municiones en el Reino Unido se disparó. El Gobierno recurrió a una empresa llamada Dick, Kerr & Co. para fabricar proyectiles para los Servicios Armados. Toda la fábrica se transformó en un centro de producción, con mujeres ocupando los puestos dejados vacantes por los hombres que servían en el frente. Estas mujeres, conocidas como "munitionettes" (mujeres trabajadoras de la munición), se convirtieron en el ejército oculto en el frente interno, asumiendo toda tarea imaginable para apoyar el esfuerzo bélico de Gran Bretaña.

En medio del arduo trabajo y las peligrosas condiciones, las mujeres operaban maquinaria, trabajaban en el campo y asumían roles en diversas industrias. Las "munitionettes", expuestas a productos químicos tóxicos y entornos peligrosos, se convirtieron en las heroínas desconocidas de la guerra. Sus sacrificios, que a menudo

resultaban en problemas de salud, mostraban su inquebrantable compromiso con el apoyo a su país en tiempos
de necesidad.

En este difícil panorama, y como la mayoría de los
hombres en Inglaterra estaban luchando en los frentes
de Europa, la idea de que las mujeres jugaran al fútbol
para recaudar fondos para diversas causas ganó terreno
en todo el país. Los partidos organizados se convirtieron
en una forma de recaudar fondos durante estos tiempos
difíciles. En Preston, durante los descansos para el té y el
almuerzo, las chicas de las municiones encontraron
consuelo y camaradería en juegos amistosos con jóvenes
aprendices, tanto hombres como mujeres.

El punto de inflexión llegó en octubre de 1917,
después de que el equipo de fútbol masculino enfrentara
una serie de derrotas ante el equipo femenino. Fue
entonces cuando una joven llamada Grace Sibbert tuvo
una idea aparentemente insignificante.

Sibbert, una participante regular en los juegos amis-
tosos, propuso: "Vamos, chicas, vamos a intentarlo.
Formemos un equipo solo de mujeres. Será divertido".
Las otras mujeres en el equipo aceptaron el desafío, y así
nació el equipo de fútbol femenino Dick, Kerr Ladies
(DKL).

Las cosas tomaron un giro inesperado cuando la
fábrica de municiones fue abordada para recaudar dinero
para los soldados heridos. Se sugirió organizar un
concierto benéfico en la fábrica. Las "munitionettes" de
la fábrica propusieron en cambio un partido benéfico de
fútbol.

La idea aparentemente insignificante de Sibbert estaba a punto de convertirse en revolucionaria.

El día de Navidad de 1917, ante 10.000 espectadores, DKL jugó su primer partido oficial contra la fundición Arundel Coulthard, ganando 4-0 y recaudando £600 para los soldados heridos. (¡Eso equivale a aproximadamente $55,000 en dinero de hoy!)

Las cosas fueron de mal en peor para el equipo. La década de 1920 marcó los años dorados para las Dick, Kerr Ladies, con partidos de alto perfil que capturaron la imaginación de los fanáticos de todo el país. Un partido contra las St Helens Ladies en el Goodison Park del Everton, presenciado por 53.000 personas, mostró la creciente influencia del equipo en la cultura popular del país. Eso fue seguido por enfrentamientos en grandes estadios como el Old Trafford del Manchester United y el Deepdale del Preston North End.

Las Dick, Kerr Ladies estaban convirtiendo rápidamente el fútbol femenino en un fenómeno cultural.

En 1920, grabaron sus nombres en la historia al jugar el primer partido internacional de fútbol femenino. Representando a Inglaterra, se enfrentaron a un equipo francés en el Deepdale frente a 25.000 espectadores, saliendo victoriosas con un marcador de 2-0. Este momento histórico allanó el camino para la globalización del fútbol femenino, demostrando que el Juego Hermoso no conocía límites de género.

Esta victoria marcó el comienzo de un viaje extraordinario para DKL. Su popularidad se disparó y sus partidos se convirtieron en eventos importantes, atrayendo a multitudes de casi 900.000 personas en 1921. El equipo jugó más de sesenta partidos ese año, todo mientras trabajaban tiempo completo en la fábrica.

Sin embargo, se avecinaban nubes de tormenta cuando la Asociación de Fútbol de Inglaterra infligió un golpe amargo. El 5 de diciembre de 1921, la FA prohibió el fútbol femenino e instruyó a los clubes a negar el permiso para que se llevaran a cabo partidos femeninos. Esto tuvo un gran efecto en los equipos de fútbol femenino de todo el país, pero a pesar de la prohibición, DKL desafió a la FA y, contra todo pronóstico, continuó jugando, demostrando que su resistencia y determinación no se limitaban solo al campo de juego.

Los logros del equipo durante las décadas de 1920 y 1930 fueron nada menos que notables. La prensa los elogió como "Campeonas del Mundo", y navegaron a Estados Unidos para jugar una serie de partidos en America. Fue solo hasta que llegaron allí que se dieron cuenta de que los juegos eran contra hombres. ¡Sin embargo, siguieron luchando, ganaron juegos y, en el proceso, continuaron desafiando las expectativas sociales anticuadas!

Desafortunadamente, las Dick, Kerr Ladies, se disolvieron en 1965, pero su legado continuó teniendo efectos en Inglaterra y en todo el mundo. La Asociación de Fútbol Femenino (WFA) se formó en 1969 y la prohibición impuesta por la FA a las mujeres que jugaban al fútbol finalmente se levantó en 1971, marcando el comienzo de una nueva era para el fútbol femenino.

El largo y arduo camino del fútbol femenino, desde

las prohibiciones y restricciones hasta la aceptación y el reconocimiento global, comenzó gracias a la resistencia y determinación de las pioneras que fueron las Dick, Kerr Ladies.

Las DKL no eran solo un equipo de fútbol; eran un símbolo de cambio cultural. Sus partidos trascendieron el deporte, convirtiéndose en eventos importantes que desafiaron los roles de género tradicionales. En una época en la que las mujeres luchaban por ser reconocidas, ellas fueron faros de empoderamiento, inspirando a mujeres jóvenes de todo el mundo durante muchas generaciones.

Su legado perdura como una parte esencial de la historia del fútbol femenino, un testimonio de su fuerza de carácter y tenacidad. Rompieron barreras y cambiaron actitudes hacia las mujeres en el deporte, demostrando que las mujeres podían tener éxito en el campo y más allá.

Así que, mujeres jóvenes, átense los botines con orgullo, sabiendo que el legado de las Dick, Kerr Ladies esta latente, inspirando a todos a creer en el poder de sus sueños y en la resiliencia que llevan dentro.

CHAPTER 2

NADIA NADIM — LA DOCTORA REFUGIADA QUE ANOTABA GOLES

NADIA NADIM irradia inspiración con cada acción que emprende, ya sea dentro o fuera del campo de fútbol. La internacional danesa, nacida en Afganistán, ha llevado una de las vidas más notables entre todas las mujeres destacadas en este libro. A pesar de comenzar desde una posición muy desfavorecida, ha demostrado al mundo que con determinación, todo es posible.

Nacida en Afganistán, la vida de Nadim dio un giro trágico a una edad muy temprana cuando su padre, un miembro del ejército afgano, fue asesinado por los talibanes. Sin una figura masculina en la familia, Nadia y sus hermanas se encontraron atrapadas en casa. En un país donde los derechos de las mujeres son limitados, habría sido peligroso para ella y sus hermanas aventurarse fuera de la casa. Su madre aprovechó este tiempo para educar en casa a sus cinco hijas, pero poco después de la pérdida de su padre, la valiente madre de Nadim las llevó a otra jornada.

Armada solo con pasaportes falsos, la madre de Nadim colocó a ella y a sus cuatro hermanas en la parte trasera de un camión, contrabandeándolas fuera de Afganistán hacia Pakistán vecino. Desde allí, la familia voló a Italia antes de emprender otra etapa de su viaje hacia Escandinavia. Se establecieron en un campo de refugiados en Randers, Dinamarca, donde la vida de Nadia comenzaría lentamente a mejorar.

Por las mañanas, Nadim se enseñaba danés a sí misma, mostrando la autodisciplina y la determinación que luego definirían su carrera.

Por las tardes, a través de las cercas del campo de refugiados, observaba a las chicas danesas en un campo vecino jugar al fútbol durante la práctica, una visión que encendió un amor por el juego desde lo más profundo de su alma. ¡Proveniente de un país donde las mujeres eran fuertemente reprimidas, ver a chicas jugar al fútbol fue una completa revelación para Nadim!

Por las noches, perfeccionaba sus habilidades futbolísticas jugando con otros niños y niñas refugiados, dando patadas a un balón de fútbol hasta que era demasiado oscuro para ver. Cuando se sintió lista, reunió el coraje para preguntar a las chicas al otro lado de la valla si podía unirse a ellas. Ellas dijeron que sí, ¡y a partir de ahí, despegó su carrera futbolística!

Nadim pasó a representar a Dinamarca a nivel internacional, superando una vez más obstáculos —esta vez, la burocracia de la FIFA— para cumplir su sueño de jugar para su país adoptivo.

Su valentía y determinación le sirvieron bien en el

fútbol, llevándola a ganar dos ligas de primer nivel en su carrera: una con el Portland Thorns en Estados Unidos y otra con el Paris St Germain en Francia. Anotó más de 200 goles en su carrera profesional.

Queriendo devolver aún más a la sociedad —después de todo, ya había inspirado a millones de niñas a creer en sus sueños—, Nadim estableció una fundación de fútbol que ayuda a niños desfavorecidos en Dinamarca a prosperar a través del fútbol. Ha apoyado a más de 200 niños que, al igual que ella, enfrentaron difíciles crianzas como inmigrantes en nuevos países. En reconocimiento a sus esfuerzos en la promoción del deporte y la igualdad de género, fue designada Campeona de la UNESCO para la Educación de Niñas y Mujeres en 2019.

Replicando la determinación tenaz de su madre, Nadim equilibró las demandas físicas del fútbol profesional con los desafíos mentales de cursar una carrera de medicina. En 2022, se graduó como médica, impulsada por su deseo de ayudar a las personas más allá de su carrera futbolística.

"Quiero estar en una posición en la que pueda ayudar a las personas cuando me retire del juego", dijo. "Cuando camino por los pasillos del hospital con mi bata blanca, tengo esta sensación de que puedo hacer grandes cosas".

De hecho, Nadia Nadim ya ha logrado la grandeza, inspirando a innumerables niñas de todo el mundo con su determinación inquebrantable y su búsqueda implacable de sus sueños. Su viaje es un testimonio del poder transformador de la resiliencia, demostrando que con determinación y una actitud positiva, lo imposible realmente puede hacerse posible.

CHAPTER 3

LAS REGGAE GIRLZ — DE CROWDFUNDING A CONVINCENTES

ESTA ES LA HISTORIA TENAZ DE LAS REGGAE GIRLZ, O, COMO SE las conoce formalmente, el Equipo Nacional Femenino de Fútbol de Jamaica. Es una historia que lleva el hilo común de todas las mujeres en este libro: una lucha implacable y valiente para perseguir su amor por el fútbol, un amor que mostraron al mundo entero en la Copa Mundial de 2023 en Australia y Nueva Zelanda.

Originalmente formadas en 1991, las Reggae Girlz lucharon desde el principio. Frenadas por la falta de financiamiento y apoyo de la Federación de Fútbol de Jamaica, no tuvieron más opción que disolverse en 2010. Tristemente, parecía que a pesar de estar en el siglo XXI, la mentalidad de la Edad de Piedra dentro de su propia federación de fútbol solo las haría durar 19 años.

Pero cuando la situación se pone difícil, los valientes se ponen en marcha. En 2014, cuatro años después de su primer revés, las Reggae Girlz se reunieron una vez más para volver a entrar en la escena internacional del fútbol.

Impulsadas por su pasión inquebrantable por el juego, emprendieron una misión para dejar su huella en el escenario global. Los cimientos del equipo original de Reggae Girlz ya no estaban en su lugar, y su ausencia de cuatro años del fútbol internacional significaba que tenían que empezar de nuevo, enfrentando desafíos significativos en el camino.

Para 2017, las Reggae Girlz habían jugado tan poco fútbol competitivo que la FIFA ni siquiera les otorgaría un ranking, ¡lo que significa que comenzaron su búsqueda hacia la Copa Mundial de 2019 sin clasificación! En lugar de desanimarlas, esta falta de reconocimiento solo intensificó su determinación de esforzarse más, trabajar más duro y aspirar a mayores alturas. Esta mentalidad resiliente se convirtió en una característica definitoria durante muchos años, culminando en su notable actuación en la Copa Mundial de 2023.

Desafiando a los incrédulos y superando las probabilidades, las Reggae Girlz sorprendieron al mundo del fútbol en 2019 cuando se convirtieron en las primeras mujeres de una nación caribeña en clasificar para la Copa Mundial. Negándose a ser disuadidas por la falta de apoyo o su condición de no clasificadas, persistieron en su búsqueda y demostraron una resistencia raramente vista antes en un campo de fútbol. Todos los días, se presentaban en el campo para mostrar su talento y determinación, demostrando finalmente a sus críticos que estaban equivocados cuando ganaron su lugar entre los equipos élite del mundo en Francia en 2019.

A pesar de ser eliminadas en la fase de grupos después de conceder 12 goles, hubo muchos aspectos positivos que destacar. Esto debería haber sido el trampolín para el éxito futuro en el fútbol femenino de Jamaica, después de todo, ¡pasar de no clasificadas a jugar en una Copa Mundial en cuestión de meses fue un logro que ningún otro país había logrado en el pasado!

La vida lanzó una bola curva a las Reggae Girlz. Parecía que las únicas personas que no tomaron nota de su éxito en 2019 fueron las personas que estaban al frente de la Federación de Fútbol de Jamaica. Impresionados y evidentemente desinteresados por sus increíbles logros, los jefes del fútbol jamaiquino no mostraron ningún apoyo a las Reggae Girlz. No estaban siendo compensadas, recompensadas o incentivadas por lo que hacían en el campo. Las cosas se pusieron tan mal que ¡la hija del jamaiquino más famoso tuvo que intervenir!

Cedella Marley, hija de Bob Marley, intensificó sus esfuerzos para conseguir el financiamiento que necesitaban las Reggae Girlz. Había sido una batalla que había estado librando contra la FA de Jamaica desde su resurrección en 2014, pero ver a las Reggae Girlz siendo apartadas a un lado a pesar de su reciente éxito en la Copa Mundial fue demasiado. Cedella Marley ayudó a convertir la lucha de las Reggae Girlz en un problema global.

En el campo, y sin inmutarse por la falta de apoyo de su Asociación de Fútbol, las Reggae Girlz siguieron adelante. Se clasificaron para la Copa Mundial de 2023 que se celebraría en Australia y Nueva Zelanda. Habían pasado cuatro años desde Francia 2019, y mientras las mujeres jamaiquinas progresaban en el campo, no sucedía nada arriba en la Federación de Fútbol de Jamaica.

Un mes antes de la Copa Mundial de 2023, el apoyo de la Federación de Fútbol de Jamaica fue tan malo que Sandra Phillips-Brower, la madre de la centrocampista jamaiquina Havana Solaun, creó una página de GoFundMe para ayudar a pagar los costos que las Reggae Girlz estaban acumulando mientras se entrenaban para el torneo. ¡Su campaña ayudó a recaudar más de $45,000!

Al notar el éxito de esa página de GoFundMe, se creó otra página por la Fundación Reggae Girlz. Eso también recaudó más de $45,000, dinero muy necesario que ayudó a las Reggae Girlz con comodidades que deberían haber sido proporcionadas por la Federación de Fútbol de Jamaica. Cosas como sus campos de entrenamiento, viajes, alimentos y apoyo del personal. Incluso las tarifas de los partidos de las jugadoras fueron pagadas con esos fondos.

Dicen que para que la luz brille intensamente, la oscuridad debe estar presente. Ser probado fuera del campo en condiciones tan extremas fue exactamente la oscuridad que las Reggae Girlz necesitaban para brillar tan intensamente como lo hicieron en Australia y Nueva Zelanda.

Nunca en la historia de la Copa Mundial ha habido una mejor exhibición defensiva en exhibición. En su primer juego, las Reggae Girlz se enfrentaron al gigante que es Francia. No concedieron ni un solo gol.

En su segundo partido contra Panamá, nuevamente mostraron una obra maestra defensiva para mantener su portería a cero - ganaron ese juego 1-0.

Pero fue contra la más grande nación futbolística del mundo que hicieron su huella en el universo futbolístico. Brasil, repleto de los delanteros más mortíferos y los jugadores de fútbol más habilidosos jamás vistos, se enfrentó a las Reggae Girlz. Después de luchar con uñas y dientes fuera del campo, los jamaiquinos mostraron el mismo espíritu de lucha en él. Brasil ni siquiera tuvo tantas oportunidades de gol ese día. ¡Las Reggae Girlz no concedieron ningún gol contra los brasileños y eliminaron a los gigantes del fútbol del torneo! ¡No concedieron ni un solo gol en toda la fase de grupos!

También se convirtieron en la primera nación caribeña (¡masculina o femenina!) en avanzar a la segunda ronda de una Copa Mundial. Y lo lograron a pesar de tener que crear páginas de GoFundMe para ayudar con su entrenamiento. Nunca antes la Copa del Mundo había visto espíritus tan indomables, una resiliencia para luchar por los derechos humanos más básicos: la igualdad. Un espíritu resumido muy bien por Rebecca Spencer, la portera de las Reggae Girlz.

"Cuando no creen en nosotros, eso solo nos da más fuego en el vientre para salir y hacerlo bien".

El viaje de la Copa Mundial de Jamaica lamentablemente terminó a manos de Colombia en el próximo partido, Catalina Usme anotando el único gol que las

Reggae Girlz concederían en la campaña. El que, lamentablemente, les costó el torneo. Pero lo que Jamaica logró ese año estaba más allá de la medición, inspiraron a millones de niñas caribeñas de múltiples países a creer que todo es posible. Que el éxito es posible a pesar de las fuerzas que trabajan activamente para intentar detenerte. Todo lo que necesitas es creer en ti mismo y un espíritu de lucha inquebrantable.

CHAPTER 4

SAM KERR — HEROÍNA RENUENTE DEL JUEGO

SAMANTHA KERR FUE CRIADA JUGANDO AL FÚTBOL DESDE MUY joven. Su padre y su hermano eran futbolistas profesionales y cada conversación en su hogar giraba en torno al fútbol.

Se podría perdonar pensar que estaba destinada a ser una estrella del fútbol con su crianza fanática del fútbol, pero al igual que muchas de las otras mujeres en este libro, su historia es de resiliencia y determinación para empezar de nuevo después de ser derribada.

¿Por qué?

Porque el fútbol que se jugaba y se hablaba en su casa no era el fútbol del que hablamos en este libro. Era lo que los australianos llaman fútbol. También conocido en ese país como AFL, Aussie Rules o simplemente Footie. Es el deporte nacional de Australia y se pueden usar las manos además de los pies al jugarlo, ¡es muy diferente a *nuestro* fútbol!

Siguiendo los pasos de su padre y su hermano,

Samantha estaba pateando un balón de fútbol australiano desde que podía caminar. Comenzó a jugar de manera competitiva a los 9 años y continuó hasta que tuvo 12 años. No fue hasta entonces que los chicos de su equipo se dieron cuenta de que ella era una chica. Su reacción fue tan extrema que algunos de ellos incluso comenzaron a llorar al conocer la verdad sobre el género de Sam.

También fue alrededor de ese tiempo que el juego muy físico del fútbol australiano comenzó a obstaculizar el progreso de Sam. A pesar de dominar a través de su habilidad en el juego, los chicos rápidamente la superaron en tamaño y fuerza cuando llegaron a la pubertad. Parecía que la habilidad sola no la vería prosperar en el deporte como mujer joven que crecía en Perth, especialmente porque no había equipos de fútbol australiano femenino al que pudiera unirse.

A los 13 años, Samantha se vio obligada a renunciar a sus sueños de jugar al fútbol australiano profesionalmente. A pesar de su deslumbrante habilidad con un balón, era obvio que el mundo del fútbol australiano no estaba listo para una superestrella mujer todavía. A regañadientes, Samantha Kerr probó suerte (¿o deberíamos decir pies?) en el fútbol en lugar del fútbol australiano.

Afortunadamente para nuestro deporte, la pérdida del AFL fue la ganancia del fútbol.

Sin embargo, no fue una ganancia inmediata. Sam era terrible en este nuevo deporte que estaba probando. Tenía solo 12 años, había tiempo para aprender y mejorar, y Kerr, marcada por una determinación obstinada de ser la mejor versión absoluta de sí misma, decidió volverse tan buena en el fútbol como lo era en el fútbol australiano. ¡Un viaje que solo tomó unos pocos meses!

Privada de la oportunidad de jugar el deporte que amaba, canalizó su decepción en un impulso implacable para sobresalir en su nueva pasión. La transición de Kerr al fútbol fue nada menos que notable. Comenzando a los 12 años, rápidamente se abrió camino en las filas, haciendo su debut profesional tanto en el club como en el país a los 15 años. Sam se adaptó a un nuevo deporte mejor que cualquier atleta en la historia del deporte. Fue un testimonio de su talento puro y determinación inquebrantable.

Kerr, quizás sabiendo que apenas estaba comenzando su trayectoria hacia la grandeza (¡¿o podría haber sido nervios?!), ¡pidió a su familia que no viniera a verla hacer su debut en el fútbol para Australia!

A pesar de mostrar un talento y habilidad que nunca antes se había visto en el fútbol australiano, el verdadero alcance de las habilidades del atacante de Perth aún estaba por revelarse. El mundo estaba al borde de presenciar a uno de los mejores futbolistas que jamás haya surgido. Por todas sus habilidades excepcionales en el campo, su notable viaje hacia el éxito fue más un testimonio de su fuerza interior y resiliencia. Ella aprovechó la decepción y la frustración de ser sometida a un sistema que se rezagaba detrás del progreso social, para finalmente convertirse en la mejor futbolista de su generación.

Muchos jugadores, al representar a su país, podrían haber considerado su viaje completo. Después de todo, ese es el pináculo de la carrera de cualquier persona. Sin embargo, para Kerr, este logro solo sirvió como trampolín hacia una mayor grandeza. Alimentó aún más su determinación, para seguir abriendo nuevos caminos y afianzando su lugar como una de las grandes de todos los tiempos.

El récord goleador de Kerr habla por sí mismo. Es la única jugadora en ser la máxima goleadora en una temporada en la liga de EE. UU., Inglaterra y Australia. También es la máxima goleadora del equipo nacional de Australia, eclipsando el récord que tenía el favorito masculino Tim Cahill hasta 2022. Kerr es también una de las tres mujeres que han marcado más de tres goles en una copa del mundo, lo logró al marcar 4 goles contra Jamaica en la Copa Mundial de 2019.

La historia de Kerr es un gran ejemplo de no rendirse nunca a pesar de recibir las peores noticias. Imagina estar rodeado de familiares que comparten la misma pasión, solo para que esa pasión te sea arrebatada. Su viaje es un testimonio de resiliencia y esperanza, demostrando que cuando un camino se cierra, siempre hay otro camino hacia el éxito.

Y no solo encontró éxito, se convirtió en probablemente la jugadora de fútbol más talentosa que el mundo haya visto. Habiendo sido nombrada finalista para el Jugador del Año de la FIFA tres veces, Samantha Kerr es una inspiración para millones de niñas en todo el mundo que no solo están fascinadas por la calidad de sus goles, sino también por la celebración de la voltereta que los acompaña. Su amor por el juego y su país es contagioso y sigue estableciendo récords a través de su destreza atlética, especialmente su capacidad para marcar goles de cabeza a pesar de su baja estatura.

En un mundo donde se vio obligada a apartarse de su amor por el AFL, Sam ha demostrado a todos que donde hay voluntad para llegar a la cima, hay un camino para llegar allí. Y si eso significa convertirse en la mejor en lo que haces en el camino, entonces simplemente debe hacerse.

La determinación de Kerr para tener éxito en su deporte de segunda opción sirve como una poderosa inspiración, recordándonos que si los intentos iniciales fallan, existen caminos alternativos para florecer. Aprovechar estas oportunidades, como lo hizo Kerr, puede llevar a logros extraordinarios. ¿Quién sabe? ¡Con perseverancia, tú también podrías alcanzar la cima del éxito, al igual que ella lo hizo!

CHAPTER 5
ADA HEGERBERG — AÑOS LUZ POR DELANTE

A FINALES DE 2018, ADA HEGERBERG RECOGIÓ SU PREMIO POR ser la mejor jugadora de fútbol del planeta. Se alineó con sus compañeros masculinos Kylian Mbappé y Luka Modric para recoger su premio, sus compañeros apenas habían salido de disputar una final de la Copa del Mundo. Lo que hizo que el premio de Hegerberg fuera notable es que ella fuera la mejor jugadora de la Tierra sin haber jugado para su selección nacional durante 18 meses. Y la razón por la que renunció a jugar por su país es lo que la convirtió en una inspiración para millones.

Hegerberg creció en la pequeña, pintoresca y tranquila ciudad de Sunndalsøra en Noruega. Desde muy joven vivió y respiró fútbol. Al igual que los Kerrs (Capítulo 4), el deporte que amaban dominaba la mayoría de las conversaciones familiares. ¡Su padre, madre, hermano y hermana también jugaban al fútbol! Era inevitable que Ada también jugara fútbol. Lo que era sin precedentes fue el impacto que tendría en el deporte, tanto dentro como fuera del campo.

Las habilidades de Ada fueron perfeccionadas por un padre que entrenaba frecuente y rigurosamente con sus hijos. Con dos hermanos mayores con los que competir, Ada mostró rápidamente una habilidad innata para recibir un balón, girar en el lugar y disparar a puerta desde muy joven. Esta cualidad envidiable finalmente pavimentaría el camino para que se convirtiera en una de las depredadoras más letales en marcar goles que el fútbol femenino haya visto.

Apoyada por unos padres que la alentaron incesantemente a esforzarse por la excelencia, Ada dejó su marca en la liga profesional de Noruega al lograr una hazaña notable en su debut con el Kolbotn FC: marcar tres goles en solo siete minutos. Siete minutos. Tres goles. En su debut profesional. Deja eso hundirse en ti. Este logro extraordinario mostró que era una fuerza de la naturaleza destinada a la grandeza.

No pasó mucho tiempo antes de que fuera fichada por el Olympique Lyonnais de Francia, su destreza ahora expuesta para que el mundo la celebrara. Para cualquier incrédulo que argumentara que su increíble debut para el Kolbotn se debió a una liga más débil, ella los callaría al marcar un hat-trick en 30 minutos de la Final de la Liga de Campeones de 2019. La cúspide de las competiciones de clubes y Ada estaba marcando goles por diversión. Esta naturaleza sin esfuerzo se debió sin duda a las innumerables horas que su padre había invertido en ella en el campo, pero también a las palabras alentadoras de su madre, quien había tenido tiempos más difíciles tratando de convertirse en jugadora de fútbol profesional.

Para cuando Ada marcó un hat-trick de 30 minutos en la final de la Liga de Campeones contra el Barcelona, ya estaba oficialmente reconocida como la mejor jugadora del mundo. Continuaría ganando (al momento de escribir esto) 6 trofeos de la Liga de Campeones. Al hacerlo, se convirtió en la máxima goleadora de la Liga de Campeones Femenina y alcanzó su medio centenar de goles más rápido que cualquier otro jugador en la tierra (hombre o mujer).

"Necesitas tratar de transmitir la mayor calidad en todo lo que haces", dice ella. Y no hay una finalizadora de mejor calidad en el fútbol femenino. Ada continuaría ganando el primer Balón de Oro Femenino, pero no contenta con impresionar solo con sus habilidades futbolísticas, Ada pronunció su discurso de aceptación en dos idiomas, ninguno de los cuales era su lengua materna. También navegó elegantemente el sexismo casual que le arrojaron en el escenario cuando recibió el premio. Era evidente que no solo eran los defensores en el campo con quienes podía pasar fácilmente.

Su instintivo remate y habilidades futbolísticas son razón suficiente para honrarla con un capítulo en este libro, pero es sin duda el trabajo que ha hecho fuera del campo lo que eleva su estatus como una de las personalidades más increíbles en el mundo del deporte.

A menudo con una proporción de goles por partido que superaba uno por partido, se retiró de jugar por su país en la cúspide de su carrera, con solo 22 años. Lo hizo en protesta por la desigualdad en cómo la Federación Noruega de Fútbol trataba a los equipos masculinos y femeninos.

Aunque a Ada no le gustaba el término "boicot", hizo hincapié en no representar a su país hasta que desapareciera la desigualdad de género. En esta lucha, sacrificó una de las oportunidades más preciadas que reciben los jugadores profesionales de fútbol del mundo: la participación en la Copa del Mundo de 2019.

Ada sabía que sacrificar una aparición en el torneo más importante del fútbol mundial valía la pena para empoderar a niñas de todo el mundo. Mientras el mundo se perdió ver a la mejor jugadora del mundo en la Copa del Mundo de 2019, Ada estaba luchando por algo más grande: la igualdad en el deporte en su Noruega natal. Había tenido suficiente de que las mujeres ganaran menos que sus homólogos masculinos, de entrenar en campos inferiores y de la falta de atención dada a los tacos en los que jugaban; los pequeños detalles que pasaban desapercibidos para muchos pero que la Federación Noruega de Fútbol ni siquiera soñaría permitir si fuera el equipo masculino.

Tan pronto como se negó a jugar para Noruega, la federación tomó nota y anunció que los equipos nacionales masculino y femenino serían remunerados de manera igualitaria. Si pensaban que esto haría que la mejor jugadora del mundo regresara, estaban equivocados. Ada estaba luchando por algo más grande que solo dinero. Ella quería un trato igualitario en todos los aspectos del juego: asesoramiento, instalaciones, entrenamiento, rendimiento y cultura.

Pasaron cinco años de exilio y una Copa del Mundo perdida para que las cosas cambiaran lo suficiente como para que la mejor jugadora del mundo regresara al fútbol internacional. Sus cinco años de activismo mostraron al mundo que a pesar del progreso aparente en el fútbol femenino del siglo XXI, la realidad estaba lejos de ser ideal. Y si la mejor jugadora del mundo tuvo que sacrificar una aparición en la Copa del Mundo como un megáfono para amplificar este mensaje, estaba dispuesta a hacer ese sacrificio final.

La postura de Ada era inquebrantable; estaba decidida a luchar hasta que las jugadoras de fútbol femenino de Noruega fueran tratadas igual que sus homólogos masculinos. A pesar de enfrentar batallas y acusaciones de secuestrar la preparación de la Copa del Mundo de Noruega, Hegerberg finalmente sintió que el cambio estaba ocurriendo cuando Lise Klaveness fue elegida presidenta de la Federación Noruega de Fútbol. Tener a una mujer a cargo que compartiera la misma visión que Hegerberg fue el catalizador necesario para que ella regresara al equipo nacional. Fue una vindicación para Ada, mostrando al mundo que ella podía tener éxito en las batallas fuera del campo también, allanando el camino para que otras mujeres tuvieran las mismas oportunidades en el futuro.

En su primer partido de regreso, Hegerberg retomó justo donde lo dejó, marcando un hat-trick en una victoria por 5-1 contra Kosovo en un clasificatorio para la

Copa del Mundo de 2023. Ahora está de vuelta jugando para Noruega, habiendo luchado y ganado una de sus batallas más grandes. Si bien no hay duda de que el juego internacional fue más pobre por su ausencia, los avances que Hegerberg logró para las mujeres en todo el mundo fueron inmensurables. Sus contribuciones han allanado el camino para el futuro del fútbol femenino y los sueños de millones de niñas que vendrán después de ella, inspirándolas a emular sus logros. Ya sea dentro o fuera del campo.

Sin que el mundo lo supiera, Ada Hegerberg no fue la primera superestrella de fútbol escandinavo. En 1971, una mujer muy especial de Dinamarca causó un gran revuelo...

CHAPTER 6

HEROÍNAS OCULTAS DE 1971 — LA COPA DEL MUNDO OLVIDADA

"SIMPLEMENTE SE OLVIDA LA PROPIA HISTORIA", DIJO SUSANNE "Susy" Augustesen, una de las dos únicas jugadoras en anotar un hat-trick en una final de la Copa del Mundo. Marcó sus tres goles frente a una multitud récord, con más de 110,000 fanáticos gritando.

Desafortunadamente para la delantera danesa, su notable logro ocurrió durante una Copa del Mundo femenina no oficial, dejando su nombre sepultado en los archivos de la historia del fútbol durante casi medio siglo.

Esta Copa del Mundo no sancionada tuvo lugar en 1971, en los mismos vibrantes estadios mexicanos donde Pelé había ganado la Copa del Mundo masculina solo un año antes. Esta Copa del Mundo fue más que un torneo; tenía el aire de un cambio. Se estaba gestando una revolución, no de convulsión política, sino de naturaleza deportiva. El mundo estaba a punto de presenciar el nacimiento de un fenómeno que cambiaría para siempre el panorama del fútbol femenino, ¡aunque el relato se deslizara a las sombras de la historia durante cinco largas décadas!

En una época en que el fútbol femenino estaba prohibido en muchos países, incluso ilegal en países como Brasil, los gigantes de los medios mexicanos Televisa estaban ansiosos por capitalizar el éxito comercial que habían tenido al transmitir la Copa del Mundo masculina de 1970. Se asociaron con el fabricante italiano de bebidas Rossi para organizar un torneo de fútbol exclusivamente femenino con seis selecciones nacionales de América Latina y Europa, incluida la anfitriona México, que se clasificó automáticamente.

En todo menos en el nombre, el torneo tenía el sello distintivo de una Copa del Mundo. Este evento innovador marcó el segundo de su tipo, siguiendo al exitoso torneo organizado por Rossi en Italia el año anterior. Como principales patrocinadores, Rossi cubrió todos los gastos, desde los vuelos hasta los uniformes, asegurando que cada participante estuviera equipado para la ocasión. Sin embargo, las jugadoras que se embarcaron en este viaje histórico enfrentaron duras críticas y condena desde sus propias federaciones de fútbol. Etiquetadas como "rebeldes", fueron acusadas de descuidar sus deberes sociales como mujeres al atreverse a perseguir un sueño considerado indigno según los estándares convencionales.

Estas rebeldes no recibieron el respeto que merecían por sus formas pioneras. Los organizadores tristemente comercializaron el torneo con una actitud misógina que prevalecía en ese momento: prometían el torneo ofreciendo las dos cosas que presumiblemente amaban los hombres: fútbol y mujeres. Como si eso no fuera suficiente, también confiaron en trucos baratos como porterías rosadas y salones de belleza temporales fuera de los estadios. Querían atraer a las multitudes, ¡y eso es exactamente lo que hicieron!

Las multitudes récord que presenciaron a estas mujeres enfrentarse en el calor del verano en la Ciudad de México y Guadalajara, las dos ciudades anfitrionas, ¡nunca antes se habían visto! ¡Hasta el día de hoy, son multitudes récord mundiales para el deporte femenino!

Estos espectadores pagadores, a menudo rozando la asombrosa marca de cien mil, llenaron los enormes estadios a capacidad, ansiosos por presenciar las feroces batallas en el campo. Y cuando decimos batallas, nos referimos a batallas.

El objetivo de Rossi y Televisa era simplemente obtener ganancias comerciales, pero las chicas no estaban allí para figurar. Eran competidoras feroces, impulsadas por una determinación inquebrantable de honrar los colores de sus países, un compromiso evidenciado por dos chicas inglesas que regresaron a casa con vendajes después de su partido contra Argentina. Sin embargo, la cúspide del espíritu combativo y la competitividad llegó en el juego de semifinales entre México e Italia cuando el árbitro interfirió con el gol de la centrocampista italiana Elena Schiavo.

La centrocampista de 23 años anotó un hermoso golazo con su pie derecho solo para que el árbitro inexplicablemente lo anulara. Fue el segundo gol que había anulado a favor de la nación anfitriona y Schiavo perdió los estribos. Estalló una gran pelea en medio del campo. Jugadoras, entrenadores, árbitros e incluso transeúntes tuvieron que intervenir para calmar las cosas. En ese momento, quedó claro: ¡las mujeres en el campo estaban decididas a salir victoriosas a cualquier costo!

México avanzó a la final donde se encontraron con un equipo danés recién salido de ganar la anterior "Copa del Mundo" solo 12 meses antes. Dinamarca también tenía una prodigio de 15 años en Susanne Augustesen, quien demolería por sí sola las esperanzas de la afición local al marcar un hat-trick en la final. A pesar de romper los corazones de la afición local, Augustesen levantaría el trofeo de la "Copa del Mundo" frente a más de cien mil personas.

Las chicas del '71 llegaron desde sus respectivos países como marginadas, marginadas por su amor por el deporte, solo para entrar en un universo paralelo en México ese verano. Fueron abrazadas por un país que amaba el espectáculo del deporte, incluso si había sido orquestado por una máquina de marketing bien engrasada, y rompieron las percepciones más arraigadas de la época.

En un momento en que la globalización del deporte comenzaba a despegar gracias a las cámaras de televisión, inspiraron a una legión de niñas a ser valientes y perseguir sus sueños. Su presencia en el escenario mundial mostró el potencial sin explotar de un torneo femenino, desafiando normas arraigadas y allanando el camino para el cambio. No pasó mucho tiempo antes de que las Asociaciones de Fútbol de todo el mundo levantaran sus prohibiciones. Su espíritu pionero y su determinación inquebrantable sentaron las bases para que la FIFA reconociera y sancionara oficialmente estos torneos unos años más tarde. Fueron verdaderas pioneras del fútbol cuya historia nunca debería ser olvidada.

CHAPTER 7

LINDA CAICEDO — UN AÑO, TRES COPAS MUNDIALES

Linda Caicedo es una de las chicas más destacadas en el mundo del fútbol. Usamos el término "chica" porque en el momento de escribir esto, apenas ha cumplido su primer año de adultez. Dicho esto, esta chica ha logrado más en su adolescencia que la mayoría de las mujeres lograrán en toda su vida.

Criada en Valle Del Cauca en Colombia, su padre le preguntó qué quería como regalo para su quinto cumpleaños.

"¿Te gustaría una muñeca, cariño?" preguntó.

"No, quiero un balón de fútbol y unos guayos", fue su respuesta. Guayos en Colombia son botines de fútbol..

Claramente amaba el fútbol desde muy temprana edad.

En un país donde la igualdad en el fútbol está rezagada respecto a sus contrapartes europeas, Caicedo causó sensación y rompió estereotipos al convertirse en la primera chica en ingresar a la renombrada academia de fútbol Villagorgona en Cali.

El 15 de julio de 2019, con solo 14 años, dejó su huella en el fútbol colombiano. Ese fue el día en que debutó en la liga profesional de mujeres con el América de Cali. Entró como sustituta en el minuto 75, y 4 minutos después, recibió el balón en el centro del campo. Se lanzó hacia el arco contrario, dejando a tres defensores en el suelo, parecía inútil y tonto intentar detenerla. Luego, elegantemente colocó el balón en la red para marcar su primer gol como profesional. ¡Linda Caicedo realmente se había anunciado en la escena del fútbol! Unos meses más tarde, con solo 14 años pero habiendo acabado de convertirse en campeona colombiana, no había quien la detuviera. ¿O sí?

Solo unos meses después de su notable avance en la escena del fútbol colombiano, Caicedo comenzó a experimentar dolores de estómago. Inicialmente diagnosticados erróneamente como gastritis por los médicos, no fue hasta que Caicedo persistió en quejarse del dolor que descubrieron un tumor canceroso en su abdomen.

A Caicedo le diagnosticaron cáncer de ovario. Parecía que si los defensores no podían detenerla en el campo, el cáncer podría frustrarla fuera de él.

Habiendo cumplido recientemente 15 años, Caicedo sometió su cuerpo a múltiples tratamientos y cirugías, algo que la hizo pensar que nunca jugaría profesionalmente nuevamente. Luchó física y mentalmente, y después de unos meses, los médicos le dieron luz verde.

Había vencido al cáncer y estaba lista para enfrentarse al mundo. ¡Y enfrentarse al mundo lo hizo!

Pasó del América de Cali a los rivales de la ciudad, Deportivo Cali, y ganó otro campeonato colombiano. Mientras muchos profesionales juegan toda una vida sin ganar un solo título, Caicedo, con solo 15 años, ya había vencido al cáncer y ganado dos campeonatos nacionales en su país natal.

Fue durante la temporada 2022-2023 que Caicedo tuvo la temporada más notable que cualquier jugador de fútbol, masculino o femenino, podría tener. Este período vio cómo su estatus se disparaba hasta convertirse en un fenómeno global.

Comenzando la temporada con el América de Cali, se encontró representando a Colombia en la Copa Mundial Sub-20 en Costa Rica en septiembre. Dos meses después, estaba jugando en la Copa Mundial Sub-17 en India.

Durante esta Copa Mundial, Caicedo brilló intensamente, contribuyendo significativamente al viaje de Colombia hacia la final, aunque finalmente perdieron ante España. Sin embargo, hubo un rayo de esperanza para Caicedo en esa derrota. Su actuación llamó la atención de los cazatalentos españoles, y unos meses más tarde, el Real Madrid, el club más grande del mundo, la fichó. El Real Madrid obviamente reconoció el talento de Caicedo y aseguró sus servicios tan pronto como pudo.

Como si participar en dos Copas del Mundo en dos meses no fuera suficiente, Caicedo luego representó a Colombia en la Copa Mundial de 2023 celebrada en Australia y Nueva Zelanda. Ningún jugador ha jugado nunca en tres mundiales en el espacio de 12 meses, y es probable que sea un logro que nunca vuelva a suceder.

El ascenso meteórico de Caicedo sirve de inspiración para las mujeres de todo el mundo, especialmente en su Colombia natal. Sus logros son notables no solo porque superó el cáncer a una edad temprana, sino también porque lo hizo en un país donde la cultura del machismo aún prevalece. A pesar de los desafíos, se destacó con estilo y gracia, rompiendo barreras y desafiando estereotipos en el camino.

Su magnífico gol ganador contra Alemania en la Copa Mundial de 2023 proporcionó una de las mayores sorpresas en la historia del fútbol femenino. Desafortunadamente para Caicedo y Colombia, fueron eliminadas por Inglaterra, pero a la tierna edad de 18 años, Caicedo ya ha dejado una marca indeleble en el fútbol mundial y en innumerables chicas de todo el mundo.

No hay duda de que Caicedo seguirá siendo una superestrella global, pero es un testimonio de su habilidad, determinación y fortaleza de carácter que, con solo 18 años y habiendo fichado por el club más grande, ya podamos hablar de ella como una leyenda del juego.

Es poco probable que otro jugador logre ganar el segundo mejor jugador de la Copa Mundial Sub-17, el Balón de Oro de la Copa Mundial Sub-20 y ayudar a eliminar a Gigantes como Alemania de una copa del mundo. ¡Todo en 12 meses! Si alguna chica quiere soñar con lo imposible, entonces intentar emular la carrera de Caicedo es como disparar a la luna. Incluso si no llegan, aún lograrán la fama en el mundo del fútbol.

En palabras de un conocido dicho, "Apunta a la luna. Aunque falles, terminarás entre las estrellas." Para cualquier chica que aspire a una carrera profesional en el fútbol, tratar de emular el notable viaje de Caicedo es como apuntar a la luna. Aunque no alcancen su objetivo, aún lograrán la grandeza en el mundo del fútbol.

CHAPTER 8

SANDRINE DUSANG — LUCHADORA FRANCESA SIN FRONTERAS

AL IGUAL QUE LA HISTORIA DE NADIA NADIM (CAPÍTULO 2), EL relato de Sandrine Dusang comienza siguiendo los pasos de la mujer decidida que fue su madre.

Viendo que su joven hija prefería mucho más el entrenamiento de fútbol que las clases de baile, la madre de Dusang consistentemente sacrificaba su valioso tiempo, tres veces a la semana, para llevar a Sandrine en un viaje de dos horas de ida y vuelta al pueblo más cercano que tenía un equipo de chicas.

La perseverancia de la madre de Dusang dio sus frutos para su hija, y con el tiempo y sin que ella lo supiera, para decenas de miles de otras mujeres en toda Francia.

Sandrine Dusang ascendió en las filas de su club Olympique Lyonnais. Se estableció como una defensora central implacable que no se detenía ante nada. Mientras era implacable en el campo, notaba una marcada difer-

encia entre ella y sus homólogos masculinos en
Olympique Lyonnais. A diferencia de ellos, ella tenía que
equilibrar su carrera de fútbol con un trabajo en el departamento de marketing del club, a menudo corriendo
desde su trabajo de oficina de 9 a 5 para llegar apenas a
tiempo al entrenamiento. ¡Esto a pesar de ser una internacional francesa que había representado a su país en el
Campeonato de Europa de 2005!

El equilibrio tenía que cambiar dentro de los equipos
masculinos/femeninos de su club. Así, mostrando la
misma tenacidad y perseverancia que mostraba en el
centro de la defensa, asumió el desafío de cambiar la
forma en que se trataba a las jugadoras de fútbol
femenino profesional en Francia.

No fue hasta años de movilizar a personas
influyentes en el deporte, y junto con otras destacadas
jugadoras de fútbol como Corinne Diacre y Laura
Georges, que finalmente pudo hacer uno de sus mayores
impactos en el mundo del fútbol francés. Junto con otras
jugadoras de fútbol francesas, logró que los clubes de
fútbol profesionales ofrecieran contratos a las jugadoras
en lugar de tarifas simbólicas por partido, que eran práctica común en ese momento y a menudo eran cantidades
insignificantes.

Incluso después de retirarse de la selección nacional,
su implacable presión sobre las autoridades para
cambiar el statu quo continuó siendo evidente. Colgó sus
botines pero no su pasión por abogar por los derechos
del fútbol femenino, esforzándose por hacer del fútbol
un juego más inclusivo. Su defensa por la igualdad de

oportunidades en el deporte quedó patente en su papel en la edición del principal sitio de noticias francés Foot d'Elles ("Fútbol Femenino"), que promueve el fútbol femenino y la diversidad en el deporte.

En su búsqueda para luchar contra la desigualdad, y mostrando la misma determinación implacable que había asegurado contratos para las jugadoras francesas, fue un paso más allá que cualquier jugadora de fútbol femenino en la pequeña isla de Córcega. Cuando llegó a la isla mediterránea para jugar, notó de inmediato que los equipos femeninos corsos solo podían jugar en competiciones regionales y no contra equipos de la Francia continental. Si los equipos masculinos con sede en otros continentes como la Guayana Francesa podían jugar en competiciones de copa domésticas en la Francia continental, no veía motivo por el cual las mujeres corsas, de una isla justo al lado del país, no pudieran estar representadas en la copa doméstica femenina francesa.

Una vez más, Dusang abrió un camino, estableciendo nuevos precedentes en el camino, y tuvo el increíble resultado de romper unos cuantos techos de cristal más. Su trabajo y perseverancia en el cabildeo con los políticos corsos llevaron a innumerables mujeres corsas a poder mostrar sus habilidades futbolísticas en la Francia continental al jugar por primera vez en la competición de la Coupe de France en diciembre de 2022.

Dusang se yergue sola en el fútbol francés como un bastión de esperanza para un terreno de juego más equitativo. Su feroz determinación y su persistente impulso para abrir nuevos caminos tendrán un impacto trascendental en incontables generaciones futuras de jugadoras de fútbol femenino francesas. Encendió una chispa que sin duda se convertirá en una llama que arderá durante años.

CHAPTER 9

DEBINHA —
DERROTANDO
DEMONIOS

Los jugadores de fútbol brasileños suelen ser definidos por dos narrativas principales: una dura crianza en pueblos empobrecidos y un talento ridículo al mostrar su habilidad en el campo de fútbol.

La superestrella brasileña Debinha no es una excepción, ¡es una alegría absoluta verla en el campo! Sin embargo, en un país donde la mayoría de los futbolistas enfrentan desafíos significativos durante su infancia, es su extraordinaria dura crianza lo que hace que su viaje al fútbol sea aún más notable...

El amor de Debinha por el fútbol fue inspirado por el barrio Brasópolis en el que creció. Siempre que la selección nacional jugaba, los vecinos se volvían locos por los partidos y, junto con sus hermanas Katia y Rubiana, Debinha se reunía ansiosamente alrededor de las pantallas gigantes en la plaza principal para ver a la Seleção jugar; ¡su comunidad cobraba vida con fervor y emoción!

Pero en medio de los aplausos y las celebraciones, el viaje de Debinha estuvo marcado por desafíos y adversidades. Como niña pequeña con pasión por el fútbol, se enfrentó al ridículo y al acoso desde muy temprana edad. Los niños, tal vez preocupados por ser superados por una niña, la molestaban, y las niñas, que no podían entender su amor por el deporte, hacían chistes sobre la ropa deportiva que a menudo llevaba.

Incluso su propia madre, preocupada por el bienestar de su hija, le instó a conformarse con las expectativas sociales y abandonar sus sueños de jugar con los niños. A menudo, su madre le decía que se vistiera de manera más femenina o que se atara el cabello más apretado para que pudiera encajar más fácilmente.

Sin embargo, a una edad muy temprana, Debinha se negó a dejarse influir por las dudas y críticas que la rodeaban. Con una determinación incansable, abrazó su amor por el fútbol, encontrando alegría y libertad en el campo donde podía expresar su verdadero yo.

Había una persona que entendía su amor por el deporte, y esa era su padre. Desafortunadamente, él luchaba con el alcoholismo, a menudo estaba distraído en casa y no podía conectar con la familia de ninguna manera significativa. Esto fue muy decepcionante para Debinha.

La lucha de su padre con el alcoholismo proyectó una sombra sobre la vida de la familia. Debinha no podía comprender por qué no podía dejar de beber, por qué no podía ver el dolor que causaba a su esposa e hijas. Sin embargo, en medio de la oscuridad, hubo momentos de luz; momentos en los que el yo sobrio de su padre brindaba aliento a su hija e incluso persuadía a la madre de Debinha para que apoyara el sueño de su hija de convertirse en futbolista profesional.

A los 14 años, Debinha fue aceptada para jugar en uno de los equipos más grandes de Brasil: Santos. ¡El mismo club para el que Pelé, el mejor jugador masculino de la historia del mundo, había jugado!

La reticencia de su madre a permitirle jugar profesionalmente mantuvo a Debinha en Brasópolis: Santos estaba aparentemente demasiado lejos. Su madre, quizás por amor a su hija, optó por mantenerla cerca. Podría haber significado el final de una carrera prometedora.

A los 16 años, Debinha recibió otra oportunidad para jugar en uno de los equipos más grandes de Brasil, y esta vez la aprovechó, empacando sus cosas y dirigiéndose al Saad Esporte Clube. Debe haber sido difícil para Debinha ir en contra de los deseos de su madre, pero ella sabía que jugar al fútbol era su destino.

Sin embargo, hubo un obstáculo. Debinha necesitaba la firma de su madre en el formulario de liberación de Saad para poder jugar para el club. Así que fue a la fábrica donde trabajaba su madre y suplicó y lloró durante horas por su firma. Su madre, luchando contra sus propios demonios, también lloró, ya que no quería que su hija se fuera. Finalmente, aceptó firmar.

Debinha fue implacable en la búsqueda de su sueño de convertirse en futbolista profesional. Las lágrimas derramadas en la puerta de la fábrica al partir mientras se dirigía a Saad sirvieron como un recordatorio conmovedor de los sacrificios que su familia hizo para apoyar sus aspiraciones. Sin que Debinha lo supiera en ese momento, esta partida marcó el comienzo de un episodio de depresión para su madre. Al enterarse de la condición de su madre, Debinha se volvió aún más determinada a tener éxito como futbolista profesional.

El viaje fue el inicio de un camino prometedor y uno que la llevó lejos de las calles familiares de Brasil y a la lejana tierra de Corea, donde la nostalgia y el anhelo pesaban mucho en su corazón. A pesar del atractivo de una prometedora oportunidad en Seúl, Debinha no pudo sacudirse la sensación de desplazamiento y soledad que la envolvía en una tierra extranjera. Regresó a Brasil después de solo 10 días.

Su corto tiempo en el extranjero fue un testimonio de su determinación para triunfar. Un período marcado por luchas y desafíos que pusieron a prueba su determinación. Sin embargo, en medio de la incertidumbre y la duda, Debinha permaneció firme en su creencia de que el fútbol estaba en su camino, simplemente no en Corea.

Después de una breve temporada en Brasil, surgió otra oportunidad internacional en Noruega. Esto fue ligeramente diferente a Corea, ya que encontró a otros brasileños para aclimatarse a las tierras extranjeras.

A los pocos meses, Debinha recibió la llamada para integrar la selección nacional de Brasil; ¡fue un sueño hecho realidad! Un momento de validación para años de trabajo duro y dedicación. Jugar junto a leyendas como Formiga (Capítulo 30) y Marta (Capítulo 32) —las mismas mujeres que había visto en la televisión tantos años antes— la llenó de orgullo y propósito mientras representaba a su país en el escenario mundial.

Cuando le contó a su mamá sobre la convocatoria, las lágrimas volvieron a brotar en sus rostros, pero esta vez eran lágrimas de alegría y orgullo; ahí fue cuando supieron que todos sus sacrificios habían valido la pena.

Ambos padres de Debinha lucharon contra sus demonios colectivos (alcoholismo y depresión) y ahora siguen fervientemente a su hija en los campos de fútbol de todo el mundo.

Y hoy, como atleta profesional del North Carolina Courage, y con más de 140 apariciones en la selección nacional de Brasil, Debinha continúa persiguiendo sus sueños con una determinación inquebrantable. Cada partido es una oportunidad para honrar a su familia y allanar el camino para las mujeres que quieren seguir una carrera en el fútbol, para inspirar a la próxima generación de niñas brasileñas a creer en sí mismas y perseguir sus pasiones sin miedo.

Su viaje es un testimonio de la fuerza del espíritu humano y el poder de la perseverancia. Ella atribuye esta perseverancia a su familia, pero su firme creencia en la posibilidad de lograr cualquier cosa mediante el trabajo duro y la dedicación impulsa su ética laboral. Este carácter distintivo se captura mejor en las palabras que tatuó en su pierna: "CUANDO PIENSO QUE HE ALCAN-ZADO MI LÍMITE, DESCUBRO QUE TENGO LA FUERZA PARA IR MÁS ALLÁ..."

Sabias palabras que inspirarán a *cualquiera* que busque alcanzar sus metas.

CHAPTER 10

EQUIPO FEMENINO DE ESPAÑA 2023 — UN TRIUNFO MÁS ALLÁ DEL TROFEO

EN UNA FRÍA NOCHE DE AGOSTO DE 2023 EN SÍDNEY, ESPAÑA triunfó sobre Inglaterra en la final de la Copa del Mundo. Un solo gol de Olga Carmona resultó decisivo en el partido ferozmente disputado contra las reinantes campeonas europeas. La importancia de la victoria de España contra oponentes tan formidables no podía ser exagerada.

Sin embargo, el impacto monumental de estas mujeres se extendió mucho más allá del campo de fútbol. Su viaje de transformación comenzó mucho antes del silbato final, con una audaz defensa del cambio tanto dentro como fuera del campo.

Meses antes del torneo, 15 de las mejores jugadoras del equipo nacional español se unieron para exigir mejores condiciones laborales a la Real Federación Española de Fútbol. Buscaban un mejor respaldo para salvaguardar su bienestar mental y físico, abogando por un tratamiento profesional acorde con los atletas de élite. Provenientes de clubes prestigiosos como el Barcelona y el Manchester City, estas jugadoras conocían de primera mano los estándares necesarios para el rendimiento máximo.

Sin embargo, su súplica encontró resistencia por parte de una federación de fútbol predominantemente masculina arraigada en una cultura machista. El director técnico masculino del equipo femenino recibió el respaldo del presidente de la Real Federación Española de Fútbol, mientras que 12 de las 15 mujeres que solicitaron cambios fueron prohibidas en represalia por sus demandas.

Sin dejarse intimidar por los obstáculos patriarcales, un equipo español debilitado se aventuró a Australia y Nueva Zelanda para la Copa del Mundo; estaban decididas a dejar su huella. A pesar de la ausencia de jugadoras clave, presentaron un frente unido, negándose a ser marginadas o silenciadas. Estaban allí para hacer su trabajo, ¡y vaya trabajo hicieron!

Su resistencia y determinación brillaron a medida que mostraban su excepcional talento y habilidad en el escenario mundial. Demostraron ser un equipo bien entrenado, y con cada gol marcado y cada victoria celebrada, afirmaron su dominio y demostraron ser dignas del título. En una emocionante final contra Inglaterra, y después de haber fallado un penalti durante el juego, ¡surgieron victoriosas! Excepto por un tropiezo con Japón, habían vencido a todos los equipos que se les pusieron por delante durante el torneo, y después de siete disputados partidos, eran las indiscutibles campeonas del mundo.

Mientras las celebraciones deberían haber marcado el final de su viaje, un incidente problemático durante la ceremonia de victoria arrojó una sombra sobre su triunfo. Frente a una audiencia global, el presidente de la Real Federación Española de Fútbol cruzó la línea al besar a Jenni Hermoso sin su consentimiento.

El incidente desató una indignación generalizada e impulsó un poderoso movimiento, con jugadoras y seguidores apoyando a Jenni y condenando las acciones del presidente. Sirvió como un recordatorio impactante de la continua lucha contra la masculinidad tóxica y la urgente necesidad de igualdad de género en el deporte.

Jenni y sus compañeras de equipo ya estaban luchando por un trato justo y apoyo de la federación de fútbol antes del torneo. Sus demandas de respeto e igualdad fueron firmes, incluso frente a la adversidad. Las acciones del presidente subrayaron el arraigado machismo dentro de la jerarquía del fútbol español, alimentando aún más la determinación de las chicas para impulsar el cambio.

Impulsada por el apoyo global, Jenni se mantuvo firme contra los intentos coercitivos de la Real Federación Española de Fútbol de silenciarla. Junto con sus compañeras de equipo, su firme determinación rompió el machismo sistémico que durante mucho tiempo había afectado al fútbol español. En un giro notable de los acontecimientos, tanto el presidente de la federación como el director técnico del equipo femenino renunciaron tras el escándalo.

En el momento de escribir esto, el expresidente enfrentará juicio por su mala conducta. La valentía de Hermoso ha sentado un precedente para las futuras generaciones, inspirando a las jóvenes a alzarse y desafiar las normas sociales.

Las Damas de España de 2023 encarnan el espíritu de resistencia y empoderamiento, demostrando que el fútbol femenino no se trata solo de goles y trofeos, sino de derribar barreras y dar forma a un futuro más inclusivo. Y aunque aún queda mucho por recorrer en su lucha por la igualdad, encendieron un movimiento #yotambién (#metoo) en España, dejando una huella imborrable en el mundo del deporte y allanando el camino hacia un futuro más brillante y equitativo.

CHAPTER 11

LAS LIONESSES — TRIUNFO RUGIENTE PARA CONQUISTAR EUROPA

Sᵢ ALGUNA VEZ TE ENCUENTRAS CORTO DE SUPERLATIVOS PARA describir el notable triunfo de España en la Copa del Mundo de 2023, vale la pena recordar lo que sus rivales en la final del Mundial, Inglaterra, habían logrado justo 12 meses antes.

En el mundo del fútbol femenino, pocas victorias brillan tanto como el histórico triunfo de las Lionesses de Inglaterra en la Euro 2022. Su notable viaje hacia la gloria no solo puso fin a una espera de 56 años por una victoria en un gran torneo, sino que también desató una duradera ola de inspiración en todo el país.

Sumergámonos en el notable relato de cómo las Lionesses desafiaron las probabilidades, transformaron el panorama del fútbol en Inglaterra y capturaron los corazones de toda una nación.

Como vimos en el Capítulo 1, las raíces del fútbol femenino en Inglaterra son profundas, con pioneras como las Dick, Kerr Ladies durante la Primera Guerra

Mundial sentando las bases para las futuras generaciones. Sin embargo, el progreso se vio obstaculizado por décadas de falta de inversión, discriminación y una prohibición cercana a los 50 años del fútbol femenino en clubes y campos afiliados a la FA.

A pesar de estos desafíos, las semillas del cambio sembradas por las Dick, Kerr Ladies continuaron creciendo. Estas semillas fueron regadas por la resistencia y determinación de muchas mujeres apasionadas después de ellas.

En 2017, la FA presentó un "plan de crecimiento", señalando una nueva era de compromiso con el desarrollo del fútbol femenino. Las disculpas por injusticias pasadas se combinaron con objetivos ambiciosos, incluyendo ganar un torneo importante para la Eurocopa de 2021 o la Copa del Mundo de 2023. Las piezas del rompecabezas fueron meticulosamente elaboradas, y la llegada de la entrenadora holandesa Sarina Wiegman sirvió como el toque final de genialidad de la FA. El liderazgo y la visión estratégica de Wiegman impregnaron al equipo de creencia y propósito, preparando el escenario para un triunfo histórico.

El viaje de las Lionesses en la Euro 2022 no estuvo exento de desafíos. Las ausencias por Covid a mitad del torneo amenazaron con descarrilar su impulso, mientras que otros jugadores enfrentaron importantes contratiempos por lesiones. Sin embargo, en medio de la presión por tener éxito en suelo local, las Lionesses se mantuvieron firmes, impulsadas por una voluntad colectiva de reescribir la historia. Una decidida Leah

Williamson lideró su camino hacia la final, su enfoque inquebrantable mostrando el verdadero espíritu de las campeonas.

A medida que las Lionesses avanzaban hacia la final, la nación se unió a ellas con un apoyo incansable. Su dominio en el campo capturó la imaginación de los fanáticos en toda Inglaterra, encendiendo un fervor de emoción y anticipación no visto desde el Campeonato Europeo de 1996. Con cada victoria, el rugido de las Lionesses crecía más fuerte. Bronze, Williamson, Kelly y compañía hechizaron a una nación que había perdido el interés en el fútbol internacional durante décadas. El país realmente contrajo una mala fiebre: Fiebre del Campeonato Europeo.

No solo mostraron a un país autodeprecativo cómo era soñar en grande, sino que también inspiraron a sus compatriotas a declararse orgullosamente ingleses. El sentimiento resonó en los estadios y las calles por igual. La confrontación final no fue solo un partido; fue un momento histórico destinado a redefinir el panorama del fútbol en Inglaterra. Y fue un gol de Chloe Kelly en el minuto 110, frente a casi 90,000 fanáticos en Wembley, lo que aseguró el legado del equipo de fútbol femenino más impresionante que el Reino Unido haya visto.

Las Lionesses vencieron a Alemania 2-1 en ese juego final en la Euro 2022 y, al hacerlo, marcaron un momento crucial en la historia del fútbol femenino en Inglaterra. Su éxito trascendió los límites del deporte, inspirando a una nueva generación de jóvenes a soñar en grande y perseguir sus pasiones con una determinación incansable. Lo que las Dick, Kerr Ladies habían comenzado cien años antes, este grupo de jóvenes leonas ahora lo estaban refinando para la próxima generación de niñas inglesas.

Más allá de los elogios y las celebraciones, las Lionesses permanecieron firmes en su compromiso de hacer crecer el fútbol femenino y garantizar un acceso igualitario para todos. Su mensaje resonó en todas las comunidades, abogando por la inclusividad, la diversidad, y el empoderamiento. Juntas, regaron el árbol del progreso que había sido plantado por las Dick, Kerr Ladies, nutriendo un futuro donde cada niña tiene la oportunidad de perseguir sus sueños en el campo de fútbol.

Grabando sus nombres en la gloria, las Lionesses iluminaron un camino de inspiración para que las mujeres jóvenes lo siguieran. En una nación luchando con una crisis de costo de vida e inflación, trajeron unidad a un país durante un tiempo de desorden. Y, a pesar de los desafíos, las Lionesses ofrecieron a todos en el país un breve período de esperanza, respiro, y alegría. Nunca más el fútbol femenino sería visto como otra cosa que igual al de sus contrapartes masculinas. Marcó un cambio sísmico en el pensamiento societal inglés, un testimonio de la determinación, pasión, y determinación que esas chicas mostraron por Inglaterra ese verano. Un verdadero saca lágrimas para todos en el país.

CHAPTER 12

FARA WILLIAMS — UN VIAJE DE RESILIENCIA E INSPIRACIÓN

DESPUÉS DE LA VICTORIA DE INGLATERRA EN LA FINAL DE LA Eurocopa 2022, un grupo de jugadores triunfantes se precipitó hacia una figura que estaba de pie en la línea de banda, una exjugadora de Inglaterra y una amiga estimada.

Se había retirado justo el año anterior, pero su influencia en el viaje del equipo hacia la victoria resonaba profundamente con sus compañeras. Chloe Kelly, la heroína del juego con su gol ganador contra Alemania, saltó hacia sus brazos, abrazándola con fuerza. Lucy Bronze y Jill Scott hicieron lo mismo, su abrazo jubiloso derribando a esta exjugadora al césped en un montón alegre.

¿Su nombre? Fara Williams.

Los jugadores que corrieron hacia Williams después de asegurar la mayor victoria de su carrera encapsularon no solo el magnetismo absoluto de Fara Williams, sino también el profundo impacto que tuvo en el fútbol femenino en Inglaterra.

Su historia es de perseverancia y resiliencia personificada. Una historia de perseguir tus sueños con todas las fibras de tu ser, sin importar los obstáculos que la vida pueda presentarte. Obstáculos que, en el caso de Fara, habrían desviado a la mayoría de las personas en esta tierra. Sin embargo, la forma en que Williams los enfrentó sirve como una dosis de inspiración para atletas aspirantes en todo el mundo.

El viaje de Fara comenzó en los implacables campos de concreto de Battersea, al sur de Londres, donde impulsada por un amor insaciable, algunos dirían incluso irracional, por el juego, perfeccionó sus habilidades junto a niños. El dinero era escaso para la familia de Fara. Luchaban financieramente y eso amenazaba con aplastar sus sueños desde temprano. La dedicación de Fara, sin embargo, le valió un lugar en el equipo sub-14 del Chelsea a la tierna edad de 12 años.

Fue el comienzo de un viaje que estuvo lleno de desafíos más allá del terreno de juego. A los 17 años, la madre de Williams invitó a su tía a vivir con ellos. Fara chocó tanto con su tía que decidió dejar la casa familiar. No tenía a dónde ir y se encontró viviendo en las calles.

Sin embargo, el espíritu de Fara permaneció intacto. Durante el día, estaba logrando hazañas extraordinarias en el campo de fútbol, mostrando su talento y determinación con cada partido que jugaba para el Charlton Athletic. Pero cuando se ponía el sol y las luces del estadio

The Valley en el sureste de Londres se atenuaban, la realidad de Fara era muy diferente. Se encontraba sin un hogar estable, navegando por las complejidades del alojamiento al quedarse en albergues o refugios temporales.

Fue mientras vivía en estos albergues que Fara haría su debut con Inglaterra.

Mientras las personas en los refugios caían como fichas de dominó ante las tentaciones de las drogas y el alcohol, Williams se esforzaba por practicar fútbol. Una de las tácticas de Fara para mantenerse concentrada en su fútbol mientras vivía en alojamientos compartidos era actuar como si sufriera problemas de salud mental. Hizo esto para que la gente no se acercara a ella, ¡o aún peor, para que no la lastimaran!

Fue ante tales adversidades que la pasión de Fara por el juego brillaba más que nunca. El fútbol se convirtió en su refugio, un santuario donde podía canalizar su energía y talento en medio de la incertidumbre de sus circunstancias. Su dedicación y resiliencia en el campo solo fueron igualadas por su fuerza y perseverancia fuera de él, ya que se negó a dejar que la falta de vivienda la definiera.

Fue durante su viaje futbolístico que Fara conoció a una mujer llamada Hope Powell (más sobre ella en el Capítulo 16), que se convertiría en la gerente de Fara durante más de una década.

Powell reconoció el potencial de Fara tanto como jugadora como persona y le ofreció un apoyo inquebrantable, proporcionándole comida cuando tenía hambre y un saco de dormir cuando no tenía dónde dormir. También la animó a estudiar el lado táctico del juego más a fondo, para complementar su destreza atlética en el campo. Fue bajo el consejo de Powell que Fara obtuvo sus distintivos de entrenamiento. Fue un movimiento que Powell le dijo que le proporcionaría un futuro a largo plazo en el juego.

El viaje de Fara desde la falta de vivienda hasta el estrellato internacional es un testimonio del poder transformador de la mentoría y la compasión mostrada por Hope Powell. Un hermoso ejemplo de mujeres apoyando a mujeres.

Sin embargo, fue después de su mudanza a Everton, y bajo la atenta mirada de su nueva gerente, Mo Marley, que la carrera de Fara realmente dio un giro para mejor. En Everton, floreció tanto dentro como fuera del campo.

Caracterizada cariñosamente como "Reina Fara" por los aficionados, desempeñó un papel fundamental en el éxito del club, ganando títulos y reconocimientos que solidificaron su estatus como una de las mejores jugadoras de Inglaterra. Sus contribuciones se extendieron más allá del juego en sí, ya que abrazó su papel como entrenadora comunitaria, inspirando a la próxima generación de futbolistas a través de su pasión y dedicación.

El impacto de Fara resonó en todo el escenario internacional, donde acumuló un récord de 172 apariciones para Inglaterra durante casi dos décadas.

Desde humildes comienzos y contratiempos impensables, pasó a orquestar grandes espectáculos presenciados por miles en lugares icónicos como el Estadio de Wembley.

El viaje de Fara Williams es un testimonio del poder de la perseverancia, la resiliencia y la creencia inquebrantable en uno mismo. Las mujeres en todas partes pueden encontrar inspiración en su historia, encontrando fuerza en saber que ninguna cantidad de adversidad puede desviar sus esperanzas y sueños. Ella fue fundamental para remodelar el panorama del fútbol femenino también, inspirando a millones de niñas a jugar al juego y así profundizar el grupo de talentos en el que Inglaterra contará en los próximos años.

Aunque Fara Williams no levantara un trofeo importante, y como vimos con los campeones de la Euro 2022, su influencia trascendió meras victorias. Su legado es la huella indeleble que dejó en el deporte y en las innumerables vidas que tocó en el camino.

Así que, aunque Fara Williams no estuviera en el campo cuando Inglaterra ganó la Euro 2022, su presencia fue sin duda vista y sentida en el corazón del Estadio de Wembley esa noche. En medio de las jubilosas celebraciones de la victoria, Fara Williams se erigió como símbolo de esperanza y resiliencia, un faro de inspiración para la generación que acababa de alcanzar la gloria europea, y sin duda, a través de su nuevo papel en los programas de televisión de fútbol como comentarista, sigue inspirando a muchas generaciones de atletas por venir.

CHAPTER 13

MEGAN RAPINOE — REVOLUCIÓN Y TRIUNFO MÁS ALLÁ DEL CAMPO

En el mundo del fútbol femenino, pocos nombres brillan con tanta intensidad como el de Megan Rapinoe. Un símbolo de aliento para las jóvenes mujeres de todo Estados Unidos, fue incansable en su búsqueda de justicia.

A los 38 años, Megan Rapinoe se despidió de una carrera futbolística que abarcó 17 años y 63 días, dejando una marca indeleble en el equipo nacional de fútbol femenino de Estados Unidos (USWNT). Jugando en cuatro Copas del Mundo Femeninas, ganando dos, y contribuyendo al equipo que ganó el oro olímpico en 2012, la excelencia de Rapinoe en el campo es nada menos que legendaria.

Marcó 63 goles internacionales, asegurando su lugar en la historia como la décima máxima goleadora en la historia de USWNT, y sus 73 asistencias igualan a la icónica Abby Wambach. Sin embargo, el impacto de Rapinoe trasciende las estadísticas; es una historia de triunfos, desafíos y determinación obstinada, tanto dentro como fuera del campo de fútbol.

El ascenso de Rapinoe a la fama dio un giro decisivo durante los cuartos de final de la Copa del Mundo de 2011 contra Brasil. Un pase largo perfectamente ejecutado a Abby Wambach permitió que la delantera anotara el gol que le dio al equipo de EE. UU. un empate tardío contra las brasileñas. El juego llegó a los penales, culminando en una victoria para Estados Unidos. Ese gol de Wambach fue votado como el mejor gol en la historia de las Copas del Mundo femeninas, y la asistencia grabó el nombre de Rapinoe en la historia del fútbol, encendiendo un fuego que alimentaría su notable carrera.

La influencia de Megan Rapinoe se extiende mucho más allá de sus logros en el campo de fútbol. En 2016, se convirtió en la primera atleta blanca en arrodillarse durante el himno nacional, alineándose con la protesta de Colin Kaepernick contra la violencia policial hacia las personas negras. A pesar de enfrentar críticas, Rapinoe se mantuvo firme en sus convicciones, ilustrando el poder de usar su plataforma para el cambio social.

"Siendo una estadounidense gay, sé lo que significa mirar la bandera y no tenerla protegiendo todas tus libertades", declaró. A través de sus acciones, Rapinoe enfatizó la importancia de la solidaridad y el apoyo entre líneas raciales.

Mientras todos conocían su talento en el campo, para cuando llegó la Copa del Mundo Femenina de 2019 en Francia, resaltó la incansable defensa de Rapinoe fuera de él. En un acto de valentía pública, se enfrentó a la persona que a menudo es apodada "el hombre más poderoso del mundo" y se comprometió en un intercambio público con el entonces presidente Donald Trump. Se mantuvo firme contra el patriarcado y la desigualdad. Fue una batalla que ganó fácilmente.

De vuelta en el campo en Francia, ganó la Bota de Oro por la mayoría de los goles anotados en el torneo, muchos de los cuales fueron celebrados con su icónica pose de brazos extendidos. Rapinoe rápidamente se convirtió en una heroína para muchos ese verano, pero sobre todo, un símbolo de resistencia y esperanza.

Rapinoe no solo fue una jugadora estrella, sino también una líder en la lucha por la igualdad de género. Junto con sus compañeras de equipo de USWNT, luchó contra la Federación de Fútbol de EE. UU. para rectificar las disparidades salariales entre los equipos masculinos y femeninos. Su persistencia llevó a una victoria histórica en 2022, con un nuevo contrato para las jugadoras y un acuerdo que incluyó $22 millones en salarios atrasados. La dedicación de Rapinoe allanó el camino no solo para un futuro más equitativo en el juego femenino, sino también para la igualdad de género en muchos otros deportes.

Como atleta abiertamente gay, Rapinoe se ha convertido en un ícono y defensora de la comunidad LGBTQ+. Su visibilidad ayuda a derribar barreras y desafiar estereotipos, mostrando a las jóvenes que la autenticidad es una fuente de fuerza. La relación de Rapinoe con su pareja, la estrella de la WNBA Sue Bird, ejemplifica el poder del amor y el apoyo para navegar los desafíos de la vida.

En 2022, Megan Rapinoe recibió la Medalla Presidencial de la Libertad del presidente Joe Biden, convirtiéndose en la primera futbolista y una de solo seis atletas femeninas en recibir este prestigioso premio. Biden reconoció el respaldo de Rapinoe a la "verdad estadounidense esencial" de que todos merecen dignidad y respeto.

Después de colgar los botines, su compromiso de crear un cambio positivo permaneció firme. Aliándose con Sue Bird, lanzó una compañía de producción con el objetivo de amplificar las voces subrepresentadas. Si bien el fútbol siempre será parte de su legado, Rapinoe vislumbra un futuro en el que sea propietaria de un equipo profesional de fútbol femenino y continúe con su activismo.

En su discurso final en el campo de juego, Rapinoe expresó su gratitud a los fanáticos de todo el mundo, reconociendo el crecimiento que ha experimentado gracias a su aliento. Enfatizó que el USWNT encarna el espíritu diverso de la nación y llamó a los fanáticos a apoyarlos como sus mayores seguidores.

Reflexionando sobre la evolución del juego desde su debut, Rapinoe resaltó el poder del altruismo y el impacto más amplio de su lucha por la igualdad. "Lo hemos hecho por otras personas", compartió, subrayando la importancia de la representación y los profundos cambios presenciados a lo largo de su carrera.

Megan Rapinoe es tan inspiradora como cualquier

ser humano puede serlo. Especialmente para las jóvenes en Estados Unidos. Rapinoe pasó su carrera demostrando el potencial transformador del deporte, mostrando resiliencia frente a los desafíos y aprovechando su plataforma para defender la igualdad y la justicia, ¡incluso cuando tuvo que enfrentarse a los más grandes matones! Al embarcarse en el próximo capítulo de su vida, Rapinoe deja un legado que va más allá del campo de fútbol, empoderando a una nueva generación para soñar con valentía y luchar por sus creencias.

CHAPTER 14

MONIKA STAAB — ABRIENDO CAMINO EN EL REINO DEL DESIERTO

EN EL VASTO EXPANSE DESÉRTICO DE ARABIA SAUDITA, DONDE las dunas doradas se extienden hasta donde alcanza la vista, una pionera llamada Monika Staab traza un camino para las jóvenes con sueños tan ilimitados como el horizonte. Nombrada como la entrenadora inaugural del equipo femenino de fútbol de Arabia Saudita en agosto de 2021, Staab encarna un espíritu luchador del cual las jóvenes alrededor del mundo pueden inspirarse.

Creciendo en la década de 1960 cerca de Frankfurt en Alemania, Staab se enfrentó a un mundo donde la idea de que las niñas jugaran fútbol se consideraba poco convencional, si no prohibida. Autodenominada chica "marimacho", desafió las normas sociales, participando en partidos callejeros con chicos desde la tierna edad de cuatro años. En una época donde los equipos de niñas eran inexistentes, el viaje de Staab al mundo del fútbol fue una batalla contra el status quo.

A los 11 años, contra todo pronóstico, consiguió un lugar en un equipo femenino de adultos. El compromiso requerido para perseguir su pasión no fue nada menos que extraordinario. "No podíamos conseguir una cancha hasta las 9.30 pm. No llegaba a casa hasta las 11pm, y a la mañana siguiente iba a trabajar a las 5am en la panadería de mis padres. Luego iba a la escuela a las 7am," recuerda Staab. Esta búsqueda implacable de sus sueños —conciliando el fútbol, el trabajo y la educación— sentó las bases para el espíritu indomable que define su legado.

El viaje de Staab la llevó más allá de las fronteras de su patria. A los 18 años, hizo un valiente movimiento a Londres para jugar en el Queens Park Rangers. Los desafíos fueron inmensos: las jugadoras no recibían salario del club, e incluso tenían que pagar para usar la cancha. A pesar de estos obstáculos, Staab persistió y se mantuvo a sí misma limpiando habitaciones de hotel. Su odisea en el fútbol continuó con estancias en Southampton y Paris Saint-Germain, antes de regresar a Alemania en 1984.

En su tierra natal, Staab enfrentó no solo la ausencia de pago para las jugadoras, sino también soportó comentarios sexistas de compañeros masculinos. El camino hacia la aceptación de las mujeres en el fútbol fue arduo, especialmente en el siglo XX, pero la resistencia de Staab nunca flaqueó. Siguió jugando al fútbol profesionalmente hasta 1992, cuando el fútbol femenino era todavía un deporte muy marginado en su país natal. El punto de inflexión llegó en 2003 cuando Alemania ganó la Copa

Mundial Femenina, señalando un cambio en las actitudes hacia el fútbol femenino.

Staab es más conocida por su impacto en el fútbol después de retirarse del deporte. Como entrenadora del Eintracht Frankfurt, Staab desempeñó un papel fundamental en el éxito del equipo. Ganó innumerables copas, campeonatos y trofeos europeos mientras estuvo a cargo del equipo alemán.

En 2007, emprendió una misión global para desarrollar el fútbol femenino y mejorar la vida de las mujeres. Los programas de Staab llegaron a 86 países, tocando las vidas de comunidades lejanas. En Gambia, las niñas regresaron al aula a través del fútbol, y en Camboya, las víctimas de tráfico humano encontraron consuelo en la cancha.

Para Staab, el fútbol es más que un juego; es un vehículo para el empoderamiento. "El fútbol es más que un juego. Te enseña respeto, tolerancia, juego limpio, comunicación, cómo trabajar en equipo," declara apasionadamente. Esta creencia la llevó a Arabia Saudita en 2020 cuando la Federación Saudita de Fútbol (SAFF) la invitó a dirigir el primer curso de entrenamiento profesional para mujeres. Nueve meses después, estaba al frente del recién formado equipo nacional.

El entusiasmo por el fútbol femenino aumentó en Arabia Saudita, especialmente después de la creación del departamento de fútbol femenino en 2019, que permitió a las mujeres jugar profesionalmente. Staab presenció una transformación, con hombres y mujeres asistiendo juntos a los partidos, y las niñas ganando el derecho a practicar deportes en las escuelas. En un país donde los derechos de las mujeres están severamente restringidos, Staab ha sido fundamental en erradicar creencias obsoletas y modernizar el juego. Ahora prosperan dos ligas domésticas femeninas con 25 clubes, marcando un cambio sísmico en el panorama deportivo del reino.

El liderazgo de Staab guió al equipo nacional a cuatro victorias y dos empates en sus primeros siete partidos internacionales. En febrero del año siguiente, fue promovida a directora técnica nacional, encargada de supervisar el desarrollo continuo del fútbol femenino en el reino. "Estoy aquí por el fútbol femenino. Estas chicas merecen jugar tanto como los hombres," dice Staab. Su enfoque en el juego y el empoderamiento de las jóvenes a través del fútbol habla mucho sobre su dedicación para romper barreras y crear oportunidades. Y ha elegido hacer esto en quizás uno de los países más difíciles para hacerlo.

En el abrasador calor de Riad, donde las temperaturas de entrenamiento alcanzan los 40 grados, Staab continúa inspirando y liderando. Mientras las jóvenes en Arabia Saudita se atan los cordones de los zapatos, lo hacen con el conocimiento de que una pionera llamada Monika Staab abrió el camino para que sus sueños florezcan en el reino del desierto. A través de su historia, Staab anima a las jóvenes de todo el mundo a abrazar sus pasiones, desafiar las normas y, sobre todo, creer en el poder de sus sueños.

CHAPTER 15

KHADIJA "CONEJITA" SHAW — UN VIAJE DE DETERMINACIÓN

EL 31 DE ENERO DE 1997, EN LA CIUDAD JAMAIQUINA DE Spanish Town, nació una joven llamada Khadija Shaw. Estaba a punto de embarcarse en un viaje que no solo cambiaría su vida, sino que también serviría como una luz guía para muchas niñas en todo el mundo.

Como la más joven de 13 hijos, los primeros años de Khadija Shaw estuvieron marcados por el animado ambiente de un bullicioso hogar. Sus padres, un padre zapatero y una madre granjera de aves de corral, inculcaron los valores de la educación en sus hijos. Sin embargo, el corazón de Khadija latía al ritmo de un balón de fútbol que resonaba por las calles de su isla caribeña.

El apodo de Khadija, "Bunny", provino de uno de sus hermanos mayores, quien observó juguetonamente su afecto por las zanahorias. Bunny es "Conejita" en inglés.

Bunny encontró su pasión por el fútbol al observar los partidos de su hermano en las polvorientas calles fuera de su hogar. El espectáculo de vecinos reuniéndose para apostar por el resultado la fascinaba, encendiendo un fuego que exigía participación.

Los chicos, inicialmente renuentes a dejar que una chica se uniera a su juego, empezaron a Bunny en la posición que tradicionalmente nadie quiere ocupar: portera. Sin embargo, ese rol le enseñó a ser resiliente, y desafió estereotipos con cada salvada que hacía.

Los padres de Bunny no estaban enamorados de su nueva pasión. El sueño de convertirse en futbolista profesional chocaba con su visión del éxito académico. Los padres de Bunny, valorando la educación por encima de todo, no podían imaginar que su hija pasara tiempo valioso persiguiendo un balón.

Sin dejarse intimidar, Bunny aprovechaba cada oportunidad para jugar, a menudo negociando con su madre por una oportunidad para salir a las calles. El lavado de platos se convirtió en una moneda de cambio. Se ofrecía a lavar los platos después de la cena, y a cambio, su madre la dejaba salir a las calles para jugar al fútbol. A medida que sus habilidades futbolísticas se desarrollaban, también lo hacía su sueño: un sueño inspirado por un póster de la Copa Mundial que adornaba la pared de su habitación.

En un país donde el fútbol femenino organizado era virtualmente inexistente, Bunny enfrentó una batalla cuesta arriba. Pero el destino tenía planes para ella. A la edad de 14 años, consiguió un lugar en el equipo Sub 15 de Jamaica, un momento que convenció a su padre del potencial de la pasión de su hija. La madre indecisa de Bunny, influenciada por la creencia de que podría ser una experiencia valiosa, abrazó reluctante el viaje de su hija.

La joven prodigio estaba ahora en una trayectoria que la llevaría más allá de las calles de Spanish Town. En 2015, Bunny Shaw consiguió un lugar en el equipo nacional senior de Jamaica, y su destreza en el campo y su inquebrantable determinación fuera de él llamaron la atención de los cazatalentos de fútbol en Estados Unidos. Se le ofreció una beca de fútbol en la Universidad de Tennessee.

La aceptó de inmediato. A pesar de la distancia de sus raíces caribeñas, asumió el desafío tanto académica como atléticamente. Shaw se graduó con una licenciatura en comunicaciones, convirtiéndose en la primera de su familia en obtener una educación universitaria. Sus padres estaban radiantes de orgullo.

Uno de los momentos más destacados del viaje de Bunny se produjo en 2019 cuando las Reggae Girlz (Capítulo 3), como se conoce cariñosamente al equipo nacional femenino de Jamaica, aseguraron la clasificación para la Copa Mundial, derrotando a Panamá en una emocionante tanda de penaltis y logrando lo que ningún otro equipo nacional de fútbol caribeño había logrado antes.

La Copa Mundial fue un sueño hecho realidad para Bunny Shaw. Rodeada de compañeras de equipo jubilosas, saboreó el dulce sabor de competir en el evento principal del fútbol. El viaje desde Spanish Town hasta el escenario mundial estaba completo, y Jamaica celebró un momento histórico en el fútbol femenino. Desafortunadamente, fueron eliminadas en la fase de grupos de la Copa Mundial 2019 en Francia.

Habiendo tenido una vida marcada por la tenacidad, Bunny Shaw y sus compañeras de equipo volvieron a la carga en 2023. Se clasificaron para la Copa Mundial de Australia y Nueva Zelanda a pesar de luchar una batalla en su propio territorio, ya que la Federación de Fútbol de Jamaica mostraba reticencia a apoyar al equipo femenino tanto como lo hacía con el masculino.

La desigualdad animó al equipo femenino de Jamaica a hacer algo que ni siquiera había logrado el equipo nacional masculino, y también vio a Bunny alcanzar nuevos logros con las Reggae Girlz. Este momento decisivo en la historia del fútbol jamaicano marcó sin duda el punto culminante de la carrera de Shaw.

Ocurrió cuando lograron un empate histórico contra Brasil en la fase de grupos de la Copa del Mundo de 2023, ¡impulsándolas a la segunda ronda! ¡Se convirtieron en la primera nación caribeña, independientemente del género, en lograr este hito! ¡En el proceso, eliminaron a Marta (Capítulo 32), ampliamente considerada como la mejor jugadora de fútbol femenino de todos los tiempos, del torneo! Las Reggae Girlz establecieron firmemente la presencia de Jamaica en el escenario futbolístico mundial durante esa memorable Copa del Mundo de invierno, y la historia de Bunny Shaw se convirtió en una inspiración para innumerables jóvenes en Jamaica y en todo el mundo. Bunny demostró que los sueños, por improbables que parezcan, pueden hacerse realidad mediante la determinación y el trabajo duro. Sus palabras resuenan con perseverancia y ánimo para las jóvenes. "El fracaso no es permanente. Sigue empujando. Sigue trabajando duro", reflexiona.

Bunny sabe la importancia de retribuir a la sociedad, y por eso recoge botas de fútbol descartadas de sus compañeras de equipo del Manchester City. Luego, las dona a niños empobrecidos en su país natal cuando regresa a Jamaica. Al haber tenido que jugar al fútbol con sus zapatos escolares porque no podía permitirse botas, comprende las dificultades de las jóvenes jamaicanas que aspiran a jugar al fútbol pero carecen de recursos.

El camino desde jugar al fútbol con zapatos escolares hasta convertirse en la máxima goleadora de Jamaica no estuvo exento de desafíos, pero Bunny Shaw finalmente emergió victoriosa. Su historia no se trata solo de goles marcados o juegos ganados; se trata de empoderar a la próxima generación de atletas femeninas. En cada sprint, en cada gol, Bunny Shaw ejemplifica el espíritu indomable de una mujer que convirtió los sueños imposibles en realidades extraordinarias.

CHAPTER 16

HOPE POWELL — DESTRUYENDO EL TECHO DE CRISTAL

POCAS MUJERES EN EL DEPORTE GLOBAL HAN DEMOSTRADO LA firme determinación y resiliencia que Hope Powell mostró en su camino hacia convertirse en una de las mujeres más influyentes de Inglaterra en el fútbol.

Nacida el 8 de diciembre de 1966, en Lewisham, Londres, la trayectoria futbolística de Hope Patricia Powell comenzó a temprana edad y con muchos obstáculos. Al igual que Bunny Shaw (Capítulo 15), la madre jamaiquina de Hope desaprobaba rotundamente que una joven jugara al fútbol, simplemente no era lo que se hacía en la cultura jamaiquina y presentaba desafíos severos para una niña que se estaba enamorando rápidamente del Deporte Rey.

Sin dejarse intimidar por su madre e inspirada por leyendas del fútbol como Kevin Keegan y Ray Wilkins, se dedicó al deporte, pasando incontables horas golpeando el balón hasta el anochecer.

Las horas de práctica en los campos de concreto del

sureste de Londres dieron sus frutos cuando la convo-
caron para el equipo de fútbol de su escuela, que era de
chicos. Powell ayudó a su equipo a la victoria solo para
que le dijeran que no podría volver a jugar con ellos. ¡El
equipo perdedor se había quejado a la Federación de
Fútbol sobre la presencia de una chica en el equipo!

Powell solo tenía 11 años en este momento y, al igual
que las Dick, Kerr Ladies antes que ella, la Asociación de
Fútbol de Inglaterra le dio un duro golpe, al imponer
inexplicablemente reglas que le impedían jugar en el
equipo de la escuela con chicos.

Eso no detuvo a Powell, y su gran oportunidad llegó
cuando siguió a una amiga a una sesión de entrenamiento con las Millwall Lionesses, un equipo de fútbol
femenino del que acababa de enterarse. Fue un momento
crucial que cambió el rumbo de su vida. Rodeada de otras
chicas que compartían su pasión por el fútbol, Hope
sintió un sentido de pertenencia y propósito como nunca
antes. A pesar de la desaprobación inicial de su familia,
continuó persiguiendo sus sueños con una determinación como ninguna otra.

El talento y la dedicación de Hope Powell pronto
llamaron la atención de los cazatalentos, y a la edad de
solo 16 años, recibió su primera convocatoria al equipo
nacional de fútbol femenino de Inglaterra. Fue un sueño
hecho realidad para la joven futbolista que siempre había
creído en sus habilidades.

Al enfrentarse a las mejores mujeres del mundo,
Powell se dio cuenta de que, aunque tenía la habilidad

técnica para competir, necesitaba esforzarse más para convertirse en la mejor. En una época en la que las jugadoras de fútbol élite solo entrenaban dos veces por semana, Powell pidió a los entrenadores de Millwall que le diseñaran un programa solo para ella. Era un programa de acondicionamiento físico que la veía entrenar casi todos los días de la semana. En un esfuerzo por esforzarse lo más posible, recorría los pavimentos de concreto del sureste de Londres con carreras diarias para ponerse en forma y fortalecerse, aunque las rodillas humanas, al parecer, no estaban diseñadas para ese tipo de tratamiento. Con el tiempo, en su vejez, este tratamiento le costaría a Powell el uso adecuado de sus rodillas.

A partir de ese momento, la carrera de Hope despegó hacia nuevas alturas y representó a su país en el escenario internacional.

Llegaría a alcanzar 60 apariciones en una distinguida carrera con Inglaterra, siendo la aparición más destacada en la final de 1984 de lo que ahora es el Campeonato de Europa Femenino. Inglaterra fue derrotada a manos de Suecia, lo que no sorprendió ya que ambas naciones tenían un enfoque muy diferente para el fútbol femenino en ese momento: Suecia tenía un equipo establecido de fútbol femenino. Las mujeres de Inglaterra tenían una especie de rutina, que consistía en reunirse un viernes para un poco de entrenamiento el sábado. Luego jugarían el domingo antes de desbandarse inmediatamente después.

Quizás fue esta falta de inversión por parte de la

Asociación de Fútbol de Inglaterra lo que la llevaría a solidificar su legado en el fútbol femenino.

En 1998, Hope Powell hizo historia como la primera entrenadora femenina del equipo nacional femenino de Inglaterra. A la edad de 31 años, se le encargó liderar y transformar al equipo, un desafío que abrazó con todo su corazón. A pesar de enfrentarse al escepticismo y la duda de los demás, Hope permaneció firme en su creencia como entrenadora y en el potencial del equipo. También tenía una visión para el futuro del fútbol femenino.

Bajo su liderazgo, el equipo femenino de Inglaterra alcanzó un éxito sin precedentes, llegando a las finales de torneos importantes y ganándose el respeto del mundo del fútbol. Aunque Powell no alcanzó las alturas de una victoria en un torneo importante, sentó las bases que permitieron que futuras Leonesas como las de 2022 (Capítulo 10) emergieran como campeonas europeas.

El impacto de Hope se puede ver en la forma en que derribó barreras para allanar el camino para las futuras generaciones de entrenadoras y jugadoras. Cuando asumió el cargo de Inglaterra, Powell no tenía rastas, pero las dejó crecer mientras estaba en la FA para hacer una declaración, para mostrar que representaba a personas negras de todas partes de Inglaterra, un verdadero testimonio de su ambición de ayudar a las mujeres en el fútbol a derribar barreras.

Esta resiliencia llevó a Powell a inspirar a innumerables individuos a lo largo de su ilustre carrera, personas como Fara Williams (Capítulo 11) ¡que lograrían cosas increíbles! Su viaje desde ser una niña jugando al fútbol en las calles del sur de Londres hasta convertirse en una entrenadora y directora pionera es un gran ejemplo del poder de la perseverancia y la autoconfianza.

Mientras estuvo a cargo de Inglaterra, Powell demostró que pequeñas acciones pueden tener enormes repercusiones para las generaciones futuras. Algo tan simple como pedirle a sus jefes más balones de fútbol durante el entrenamiento se convirtió en iniciativas enormes, como la creación de equipos nacionales juveniles para ampliar el alcance del fútbol entre las niñas. Todo esto fue realizado por Powell mientras estaba a cargo del equipo de fútbol femenino inglés. También exigió más partidos internacionales, para que Inglaterra pudiera cerrar la brecha con los equipos élite de mujeres como Estados Unidos, Alemania y Suecia. Si volvieran a encontrarse con los suecos, al menos ahora estarían compitiendo en una plataforma equitativa, una plataforma que se convertiría en el referente para miles de futuras Leonas.

Su historia nos recuerda que con trabajo duro, dedicación y una actitud de nunca rendirse, todo es posible. Ya sea en el campo de fútbol o en la vida, el mensaje de Hope a las jóvenes es claro: sueña en grande, persigue tus pasiones y nunca temas romper barreras y desafiar expectativas.

CHAPTER 17

LILY PARR — LA JOYA DE LA CORONA DEL DKL

Había una vez, a principios del siglo XX, cuando el fútbol era considerado un juego reservado solo para hombres. La Asociación de Fútbol, el organismo rector del fútbol inglés, impuso una prohibición a las mujeres para jugar al deporte, creyendo que era "bastante inadecuado" para ellas. Pero en medio de estos desafíos, surgió una jugadora notable llamada Lily Parr, cuya historia inspiraría a generaciones de jóvenes mujeres y cambiaría el futuro del fútbol femenino para siempre.

Lily Parr nació el 26 de abril de 1905 en St Helens, Inglaterra. Creció en una época en la que la sociedad creía que el fútbol no era para las niñas, pero Lily desafió las expectativas y persiguió su pasión por el Hermoso Juego. Jugaba al fútbol en las calles con sus hermanos, perfeccionando sus habilidades y soñando con convertirse algún día en una jugadora profesional.

Cuando la Primera Guerra Mundial barrió el mundo, los hombres fueron llamados a servir a sus países, dejando fábricas y lugares de trabajo vacíos. Mujeres como Lily asumieron estos roles, ocupando trabajos tradicionalmente realizados por hombres. Fue durante este tiempo que Lily se unió a Dick, Kerr & Co., una fábrica de locomotoras que se había convertido en la producción de municiones para el esfuerzo bélico.

A pesar de las normas sociales de la época que desalentaban a las mujeres a practicar deportes, Lily continuó jugando al fútbol, uniéndose al equipo de la empresa como defensa izquierda con tan solo 15 años. Su talento natural y determinación llamaron rápidamente la atención de sus compañeros de equipo y oponentes por igual. Con su potente pie izquierdo y su estatura imponente de 5 pies 10 pulgadas, Lily se convirtió en una fuerza a tener en cuenta en el campo.

En 1921, el brillo de Lily comenzó a ser aún más evidente. Marcó un hat-trick (tres goles en un solo partido) en un juego contra Nelson, ¡resultó que la rápida defensa lateral tenía un buen ojo para el gol! En este punto, quedó claro que estaba más capacitada para ser delantera que defensa. Avanzó en el campo y sus actuaciones en el campo comenzaron a atraer multitudes de miles, con espectadores maravillados por su habilidad y atletismo.

Sin embargo, el camino de Lily no estuvo exento de desafíos. La prohibición de la Asociación de Fútbol al fútbol femenino en 1921 amenazaba con descarrilar su carrera antes incluso de que comenzara. La prohibición prohibía a las mujeres jugar en estadios propiedad de clubes de la asociación, lo que efectivamente les impedía competir a nivel profesional.

Lily se negó a dejarse intimidar. Junto a sus compañeras de equipo en el Dick, Kerr Ladies Football Club (Capítulo 1), Lily continuó jugando dondequiera que pudiera encontrar un espacio para mostrar su talento. A pesar de la prohibición, el equipo emprendió giras al extranjero y jugó frente a multitudes más pequeñas, decididas a mantener vivo el espíritu del fútbol femenino.

A lo largo de su ilustre carrera, Lily acumuló un récord increíble de logros. Marcó un estimado de 1,000 goles durante su tiempo con el Dick, Kerr Ladies Football Club. ¡Piénsalo! ¡Mil goles! Al hacerlo, Parr se convirtió en una de las goleadoras más prolíficas de su época, ¡o de cualquier otra! Sus contribuciones al éxito del equipo fueron incalculables, y fue celebrada junto a sus compañeras de equipo mientras dominaban la escena del fútbol femenino — ¡y a veces también el masculino!

En 1965, Lily se retiró de su trabajo a tiempo completo como enfermera, marcando el final de una era en el fútbol femenino. Unos años más tarde, le diagnosticaron cáncer de mama y se sometió a una mastectomía doble. A pesar de sus luchas de salud, Lily vivió para ver levantada la prohibición al fútbol femenino en 1971, lo que permitió a las futuras generaciones de niñas jugar al juego que tanto amaba.

Hoy en día, el legado de Lily Parr vive como un testimonio de la resistencia y determinación de las mujeres en el deporte. Marcadores históricos y exhibiciones en museos conmemoran sus logros, asegurando que su historia nunca sea olvidada. Incluso en 2019, Parr estaba estableciendo récords nacionales en Inglaterra, convirtiéndose en la primera mujer en ser conmemorada con una estatua en el Museo Nacional del Fútbol en Manchester. Sigue siendo una inspiración para las jóvenes de todo el mundo, recordándoles que con trabajo duro y dedicación, pueden alcanzar las metas que se propongan conquistar.

Al reflexionar sobre el increíble viaje de Lily Parr, recordamos que el camino hacia el éxito a menudo está lleno de obstáculos. Pero al igual que Lily, podemos superar desafíos y desafiar las expectativas para alcanzar nuestros sueños. Su historia nos enseña que la verdadera grandeza no conoce fronteras, y que el poder de la perseverancia puede cambiar el mundo.

Así que, a todas las jóvenes que estén leyendo esto, recuerden la historia de Lily Parr. Dejen que su valentía y tenacidad las inspiren a perseguir sus sueños, tanto dentro como fuera del campo. Porque en el juego de la vida, al igual que en el fútbol, las mayores victorias a menudo provienen de los héroes más improbables.

CHAPTER 18

MIA HAMM — LA GRAN GOLEADORA

CON LILY PARR SENTANDO LAS BASES PARA QUE LAS MUJERES SE convirtieran en estrellas globales del fútbol, una mujer fue un paso más allá y consolidó el juego femenino en los más altos escalones del fútbol mundial. Su nombre resuena con los aplausos atronadores de la victoria y los susurros reverentes de admiración.

Mia Hamm fue una titán del juego. Su trayectoria, desde una niña con un sueño hasta un ícono internacional del fútbol, es un testimonio de su resistencia, determinación y la búsqueda inquebrantable de la excelencia.

Desde el momento en que se ató los cordones de sus botines hasta el último silbido final de su ilustre carrera, Mia abrió un camino que inspiró a millones de niñas a perseguir sus propios sueños, tanto dentro como fuera del campo de fútbol. En una época en que el fútbol femenino estaba al borde de la relativa oscuridad, su habilidad y propensión por los goles aseguraron que el fútbol femenino siempre sería mencionado en el mismo contexto que el de sus contrapartes masculinas.

Nacida el 17 de marzo de 1972 en Selma, Alabama, los primeros años de Mia Hamm estuvieron marcados por un amor por el fútbol que brillaba más que el sol de Alabama.

Hamm no podría haber demostrado su determinación para superar obstáculos a una edad más temprana: nació con un pie equinovaro que tuvo que ser corregido desde temprano. Un pie equinovaro es cuando el pie crece hacia un lado, casi a 90 grados del otro pie.

A pesar de este desafío y de las normas sociales que desaprobaban a las niñas que practicaban deportes, Mia se negó a ser marginada. Se lanzó al campo de fútbol con una ferocidad y pasión que desafiaba su corta edad, dejando a los oponentes atónitos y a los espectadores sin aliento.

Con tan solo 15 años, Mia hizo historia como la jugadora más joven en vestir la camiseta del equipo nacional de fútbol femenino de los Estados Unidos. Fue un momento que prepararía el escenario para una carrera llena de éxito sin precedentes y logros inigualables. Desde ganar dos medallas de oro olímpicas para su país hasta capturar cuatro títulos de la NCAA con la Universidad de Carolina del Norte, la lista de logros de Mia se lee como un quién es quién de la grandeza del fútbol.

No hay muchos jugadores en la historia del deporte (tanto hombres como mujeres) que hayan tenido una década más exitosa que la de Mia en los años 90. Ganó la

Copa del Mundo celebrada en China en 1991 y para coronar su década notable, la ganó nuevamente en su propio terreno cuando los Estados Unidos organizaron la Copa del Mundo en 1999. Estas victorias, junto con la medalla de oro olímpica de 1996, la catapultaron a la fama mundial.

Pero el impacto de Mia se extendió mucho más allá de los confines del campo de fútbol. Ella era más que una jugadora: rápidamente se convirtió en un modelo a seguir para las niñas en todas partes. Su trayectoria inspiró a una generación de atletas femeninas a llegar a lo más alto. Antes de que nombres globales como Serena Williams se hicieran conocidos, Mia estaba allanando el camino para futuros atletas de cualquier deporte para alcanzar todas sus metas. Era una mujer con una misión de llegar a la cima, y mostró una determinación desenfrenada para llegar allí.

Sus contratos con Nike y Pepsi ayudaron a colocar el juego femenino en un nivel comparable con otros deportes establecidos. Estaba haciendo por el fútbol lo que Michael Jordan y Tiger Woods estaban haciendo por el baloncesto y el golf. En un momento en que las niñas quizás no podían identificarse con el paisaje dominado por hombres del deporte, Mia Hamm estaba cambiando eso. Un gol a la vez, trofeo tras trofeo. En resumen, Mia permitió que muchas mujeres jóvenes se dieran cuenta de que "yo también puedo hacer deporte".

El legado de Hamm no se trata solo de los goles que marcó o los trofeos que ganó; se trata de las innumerables vidas que tocó y los sueños que encendió en los corazones de las niñas de todo el mundo.

Lo extraordinario del impacto de Mia en el fútbol femenino es que trascendió barreras geográficas. Por primera vez, las futbolistas no solo estaban siendo celebradas en sus propios países; ella fue una verdadera influencer a escala mundial. Hamm estuvo a la cabeza de la popularización del fútbol femenino en los siete continentes. Al igual que futuros atletas icónicos como Lionel Messi y Cristiano Ronaldo, Mia se abrió camino en el mundo del fútbol, inspirando a una legión de fanáticos y jugadores aspirantes con su habilidad, determinación y compromiso inquebrantable con la excelencia.

Como ocurre con la mayoría de las mujeres destacadas en este libro, Mia utilizó su talento futbolístico para fomentar la grandeza fuera del campo de fútbol también. Continuó abogando por oportunidades para las mujeres en el deporte mucho después de haber colgado sus botines. Desde fundar y dirigir ligas de fútbol femenino hasta abogar por la igualdad de género y la igualdad salarial en el deporte, el compromiso de Mia de empoderar a mujeres y niñas en el deporte es un legado que continúa inspirando a futuras generaciones, incluso mucho después de su retiro.

En palabras del fundador de Nike, Phil Knight, Mia Hamm agregó una nueva dimensión al fútbol femenino, elevando el deporte a nuevas alturas e inspirando a millones de niñas a soñar en grande y perseguir sus pasiones. Su influencia se puede sentir en cada patada del balón, en cada gol marcado y en cada niña que se atreve a creer que también puede lograr la grandeza, al igual que Mia.

El legado de Hamm no es solo un capítulo en la historia del fútbol femenino. Ella creó personalmente un tsunami de empoderamiento para millones de niñas en los Estados Unidos. Niñas que, gracias a Mia, se atrevieron a soñar con un futuro lleno de infinitas posibilidades. Niñas como Alex Morgan (Capítulo 19). Una niña de California que creció viendo a Mia Hamm jugar al balón...

CHAPTER 19

ALEX MORGAN — JUGANDO POR UN CAMBIO

MIENTRAS LA ILUSTRE MIA HAMM REINABA SUPREMAMENTE EN el fútbol femenino, una joven californiana, Alex Morgan, observaba con admiración, encendida por la ambición de emular los triunfos de su ídolo con el equipo nacional femenino de Estados Unidos. Afortunadamente, la determinación de Morgan se igualaba a su extraordinario talento con el balón y una habilidad excepcional para encontrar el fondo de la red, una vista rara en el campo de fútbol.

Criada en un entorno amoroso, el amor de Alex por el fútbol floreció bajo la tutela de su padre, quien fue su primer entrenador. Con un compromiso constante con el entrenamiento desde temprana edad, aseguró su lugar en el equipo de fútbol de su escuela y llamó la atención de los cazatalentos, ganando un lugar en el Equipo Nacional Femenino Sub-20 de Estados Unidos a la temprana edad de 17 años.

A pesar de enfrentar estereotipos en un deporte

dominado por hombres, Alex se negó a ser limitada por las normas sociales. Desafió la idea de que las mujeres debían adherirse a un estilo de juego específico y en su lugar abrazó sus habilidades únicas. Con determinación y tesón, deshizo el estereotipo de 'jugar como una chica', demostrando que el género no es una barrera para el éxito en el campo.

Un momento crucial en la trayectoria de Morgan ocurrió durante un partido contra el equipo nacional masculino, donde sufrió una lesión en los ligamentos. Alex se negó a ceder ante la adversidad: luchó a través del dolor y del contratiempo, emergiendo de la lesión más fuerte y decidida que nunca. La resiliencia de Alex sirve como un recordatorio conmovedor de que los obstáculos están destinados a ser superados, no a ser sometidos.

A los 23 años, Alex Morgan emuló el récord de Mia Hamm de convertirse en la única mujer en anotar más de 20 goles y asistir en más de 20 otros en un solo año calendario. Estaba imitando a su heroína de la infancia, mostrando a niñas de todo Estados Unidos que ella era la esencia de la determinación y la resiliencia. Al hacerlo, asumió el legado de Hamm como un icono global. De hecho, fue aún más allá que su ídolo.

Morgan logró un éxito sin precedentes, ganando dos Copas del Mundo con Estados Unidos y una medalla de oro olímpica en 2012. También acumuló numerosos reconocimientos a nivel de club, incluyendo ser campeona de la Liga NWSL y ganadora de la Liga de Campeones de la UEFA con Lyon.

Más allá de sus logros en el campo, la defensa de Alex

por la igualdad de género en el deporte es lo que la distingue. Después de la victoria del equipo de fútbol femenino de Estados Unidos en la Copa del Mundo de 2015, ella lideró el movimiento #EqualPlayEqualPay, exigiendo un trato igualitario y respeto para las atletas femeninas en todo el mundo. Sus esfuerzos culminaron en un histórico acuerdo de $24 millones en mayo de 2022, asegurando la igualdad salarial para jugadores masculinos y femeninos de Estados Unidos.

Esto sentó un precedente para las mujeres atletas en una variedad de deportes y dio inicio a un movimiento que resonó en muchos países de todos los rincones del mundo. Morgan, junto con Rapinoe (Capítulo 13) y algunas otras compañeras de equipo estadounidenses, trascendieron el deporte e impactaron a innumerables atletas en todo el mundo.

Su determinación para inspirar a las niñas jóvenes fue evidente cuando escribió "The Kicks", una serie de libros dirigidos a estudiantes de secundaria, ofreciendo cuentos relacionables sobre el fútbol y sus lecciones sobre trabajo en equipo y perseverancia. Como cofundadora de una compañía de medios digitales, amplifica las voces de las mujeres y aboga por un cambio significativo. A través de asociaciones con marcas como Orgain, defiende la nutrición limpia y una vida saludable, inspirando a otros a enfocarse en su bienestar.

A pesar de su ajetreada agenda, Alex Morgan prioriza su papel como madre de su hija de 2 años, Charlie. Liderando con el ejemplo, su vida ya ha demostrado la importancia de la ambición, la determinación y la

resiliencia para Charlie, con la esperanza de que ella
también desafíe las normas sociales algún día.

La trayectoria de Alex Morgan ejemplifica la potencia
de la determinación, luchar por lo que es correcto y
abogar por las generaciones futuras. Los jóvenes atletas
aspirantes pueden inspirarse en su vida notable,
esforzándose por tener un impacto positivo en sus comunidades y más allá. El legado de Alex como campeona de
la igualdad y la inspiración continúa encendiendo las
aspiraciones de futuras estrellas deportivas femeninas,
instándolas a perseguir sus sueños y desafiar el
statu quo.

CHAPTER 20

MICHELLE AKERS — GIGANTE VERDADERA DEL FÚTBOL

Sería un error hablar de Megan Rapinoe (Capítulo 13), Mia Hamm (Capítulo 18) y Alex Morgan (Capítulo 19) sin reconocer al gigante sobre cuyos hombros estas mujeres se alzaron para alcanzar la grandeza.

Esta gigante, figurativa y literalmente con una imponente altura de 178cm, fue una de las pioneras del juego femenino en Estados Unidos: Michelle Akers.

Nacida el 1 de febrero de 1966 en Santa Clara, California, Michelle creció jugando al fútbol con sus hermanos. Fue el amor duro mostrado por sus hermanos lo que la moldeó desde temprana edad en una defensora sin rodeos. Con la ausencia de equipos femeninos en su ciudad natal, tuvo que jugar con los chicos e igualar su agresión si quería competir. Y competir lo hizo, luchando con uñas y dientes por cada balón aéreo y desafío en el área.

Cuando la familia se mudó al estado de Washington,

Akers se encontró yendo al estadio de los Seattle Sounders cada fin de semana para ver a su equipo local luchar en la liga de fútbol profesional masculina. Fue allí donde quedó cautivada por un héroe improbable: un defensor escocés de la vieja escuela llamado David Gillet. Jugaba un fútbol sin adornos, era eficiente y nada llamativo, y era agresivo pero justo. Lo más importante, no era el jugador más talentoso, así que su ética de trabajo tenía que ser más alta que la de cualquier otro en el campo para competir.

Akers se enamoró de su combinación de alta ética de trabajo junto con un enfoque agresivo en el campo, y esto definiría su éxito en el terreno de juego. Fue en los campos de la Escuela Secundaria Shorecrest, replicando el estilo de Gillet, donde perfeccionó sus habilidades y mostró su talento natural, ganándose el reconocimiento de "All-American" tres veces durante su carrera en la escuela secundaria. Ser "All-American" es un honor otorgado solo a los mejores atletas amateur estadounidenses.

El viaje de Michelle continuó en la Universidad de Central Florida, donde sobresalió a través de un trabajo duro puro. Después de que el entrenamiento del equipo femenino terminara, siempre se quedaba para entrenar con el equipo masculino, mejorando cada aspecto de su juego para igualar al de sus compañeros masculinos. No pasó mucho tiempo antes de que fuera mejor que todos sus compañeros masculinos de la universidad.

Su trabajo duro dio sus frutos hasta tal punto que le dieron una nueva posición en el campo: pasó de ser una defensora dura a una delantera sólida encargada de marcar goles. Y marcar goles lo hizo, anotando el primer gol en la historia del Equipo Nacional Femenino de Estados Unidos. Sería el primero de muchos para Akers.

Desde su debut en 1985 hasta su retiro en 2000, se convirtió en una fuerza impulsora detrás del éxito del Equipo Nacional Femenino de Estados Unidos, lleván- dolos a la victoria en la primera Copa Mundial Femenina en 1991. La actuación de Michelle en China ese invierno, incluido ser la máxima goleadora del torneo con diez goles y llevar a Estados Unidos a la victoria sobre Noruega en la final, consolidó su estatus como más que una leyenda del fútbol. "Una guerrera icónica sin debilidades" es como la llamaba su entre- nador en ese momento, y pocos podrían discutir contra eso.

Ese invierno en 1991, Akers puso firmemente a Estados Unidos en el mapa del fútbol, logrando un hito que el equipo nacional masculino nunca había hecho antes (y, al momento de escribir esto, parece improbable que lo hagan). Sin embargo, algo no estaba bien con Akers. Los hicieron entrenar en campos de concreto antes de su victoria en la Copa Mundial y los obligaron a usar camisetas pasadas de los hombres del equipo nacional.

Algo tenía que hacerse para que prevaleciera la justicia y la igualdad. En 1996, Akers y su equipo fueron a huelga para exigir un bono de igualdad de pago como sus compañeros masculinos. La disputa se resolvió rápida- mente, y Akers trajo a casa la Medalla de Oro para el Equipo de Estados Unidos. Sin saberlo en ese momento, encendió la chispa que eventualmente alimentaría la lucha continua por la igualdad defendida por personas como Rapinoe y Morgan veinte años después.

A pesar de enfrentar numerosas lesiones a lo largo de su carrera, incluida una rotura del ligamento lateral interno y un hombro dislocado, Michelle nunca vaciló en su determinación por tener éxito. En consonancia con la extraordinaria mujer que fue Akers, uno de sus últimos actos con la camiseta de Estados Unidos fue capitanear a su país hacia una segunda victoria en la Copa Mundial en 1999. Es un ejemplo para todos los atletas aspirantes de que los contratiempos son simplemente oportunidades de crecimiento y perseverancia.

En 2002, Michelle fue honrada como la Jugadora del Siglo de la FIFA, un título que compartió con Sun Wen de China. Este prestigioso premio reconoció no solo su talento excepcional, sino también su impacto duradero en el deporte del fútbol. La inducción de Michelle en el Salón de la Fama del Fútbol Nacional en 2004 solidificó aún más su legado como una de las mejores jugadoras en la historia del juego. Ella fue una de solo dos mujeres nombradas en la lista de Pelé de los 125 mejores jugadores de fútbol vivos.

Como adolescentes aspirantes a la grandeza, podemos ver a Michelle Akers como un ejemplo de lo que significa brillar a través de la adversidad. Al dominar dos posiciones y superar no solo lesiones graves, sino también las desigualdades a las que las mujeres se enfrentaron a finales del siglo XX, su viaje sirve como recordatorio de que con determinación, perseverancia y resiliencia, alcanzar las metas puede ser fácilmente logrado.

Más que una leyenda del fútbol; ella es la gigante que inspiró a las mejores jugadoras de fútbol femenino del siglo XXI.

CHAPTER 21

SUSAN WHELAN — LA GENIA DETRÁS DEL MAYOR TRIUNFO DEL FÚTBOL INGLÉS

En el ámbito del fútbol, el año 2016 siempre será recordado como el año del triunfo más improbable en el fútbol masculino.

Ese año, un modesto club de Leicester, Inglaterra, rompió probabilidades insuperables al ganar el título de la English Premier League, triunfando sobre gigantes globales como el Manchester City, el Manchester United y el Liverpool en el camino.

Y mientras que el entrenador Claudio Ranieri y sus chicos se llevaban todos los elogios por lo que habían hecho en el campo, había una mujer muy feliz sentada en el Palco de Directores del King Power Stadium. No requería, ni quería, ningún reconocimiento o elogio. Simplemente estaba feliz de que todo su arduo trabajo y dedicación en la formación de ese equipo acabara de dar sus frutos.

Los Directores Ejecutivos no pueden ser mejores que Susan Whelan.

En un mundo dominado por hombres donde pareciera que gritar más fuerte es un requisito previo para ser reconocido, Whelan va tranquilamente por su día a día —dejando que sus acciones hablen por sí solas. Ganar la Premier League después de solo cinco años de asumir su cargo, y a pesar de enfrentarse a probabilidades de 5000-1, es la declaración más poderosa que cualquiera puede hacer.

La carrera de la astuta empresaria comenzó a una edad temprana en Dublín, donde ayudaba a sus padres con la administración de su joyería. Esto le enseñó los fundamentos de dirigir un negocio. Ella escrutaba los estados de pérdidas y ganancias mientras desayunaba sus cereales matutinos y repasaba los balances antes de acostarse.

Creciendo rápidamente más allá del negocio familiar, sus padres la animaron a ampliar sus horizontes, y eso eventualmente la llevó a dirigir una serie de tiendas libres de impuestos en Tailandia. Aquí es donde comenzó su influencia en el fútbol global.

Mientras trabajaba en el grupo minorista de viajes King Power, Susan Whelan ascendió en la jerarquía. Cuando la compañía adquirió el Leicester City Football Club, fue nombrada líder del club, sirviendo como Directora Ejecutiva.

Proveniente de una familia amante del rugby, Whelan fue muy abierta al admitir que no sabía mucho sobre fútbol. Sin embargo, su valentía y fuerza características en los negocios surgieron cuando aceptó valientemente el cargo y comenzó a familiarizarse con las complejidades del deporte.

Dentro de un par de años, llevó al club desde la mediocridad de la tabla en la segunda división del fútbol inglés a competir con los clubes más grandes del fútbol mundial en la Premier League.

Whelan logró esto reuniendo lo que muchos consideran el mejor grupo de cazatalentos en la historia de la English Premier League. Su misión era descubrir talentos del fútbol que fueran diamantes en bruto, potenciales campeones mundiales futuros cuyas habilidades aún no habían sido completamente reconocidas. Además, se enfocaron en jugadores que se percibían como pasados de su mejor momento pero que no habían tenido una oportunidad justa. A través de este enfoque, Whelan inculcó una cultura de visión y optimismo en el Leicester FC, transformando la perspectiva del club de formas nunca antes vistas.

Su equipo de cazatalentos finalmente reunió a jugadores como Mahrez, Vardy, Chillwell y Drinkwater. Todos bajo un mismo club. Y quizás lo más importante fue la llegada del futuro campeón del mundo N'golo Kanté - el pilar defensivo del centro del campo del Leicester City que permitió al resto del equipo avanzar valientemente y marcar goles decisivos. Al igual que Whelan, Kanté hacía su trabajo tranquilamente, con diligencia y extraordinariamente.

Tener esta variedad de talento nunca garantiza el éxito en la Premier League. Después de todo, la EPL es la liga donde compiten los nombres más colosales del fútbol global. Por lo tanto, no fue una sorpresa que el Leicester City, a pesar de reclutar buenos jugadores, casi descendiera a la segunda división del fútbol inglés en 2015. Fue debido a esta coqueteo con el descenso que los corredores de apuestas les dieron probabilidades casi imposibles de ganar la Premier League en 2016.

Fiel a su carácter, Whelan cavó profundamente en su interior para dar al Leicester City la mejor oportunidad posible de competir en la Premier League. Implementando estrategias de marketing y merchandising astutas, generó suficientes ingresos para atraer a un entrenador de alto perfil: Claudio Ranieri.

Esta decisión demostró su tenacidad frente a la adversidad al ir en contra de los deseos de la mayoría de los fanáticos, ya que su entrenador anterior, Nigel Pearson, los había llevado con éxito a la Premiership solo unos meses antes. Fue un movimiento audaz de Whelan, uno que fácilmente podría haber salido mal. Sin embargo, pocas mujeres son tan astutas, valientes y perspicaces en los negocios como ella.

Ranieri, resultó ser la pieza final del rompecabezas en la formación del equipo más extraordinario que el fútbol inglés haya visto jamás.

Desde Operaciones, hasta Cuentas, Marketing, Branding e incluso el personal de la cantina, Whelan reunió una fuerza laboral en el Leicester City Football Club que llevaría al primer equipo masculino a lograr el único logro más grande que el fútbol inglés haya visto.

Habiendo jugado probablemente el papel más importante en la formación del equipo ganador del

Leicester City en 2016, una humilde Whelan continuó manteniéndose activamente fuera del foco de atención. No fue hasta que recibió un doctorado honorario en leyes que dio un leve vistazo a su discreta unidad y determinación: "Sé la persona que hace lo correcto. Incluso cuando nadie está mirando."

Y, usando una analogía de aprender a nadar, su mensaje para las niñas con grandes sueños es simple: "Ve un poco más allá de tu profundidad, y cuando sientas que tus pies no tocan exactamente el fondo, estás justo en el lugar correcto para hacer algo emocionante."

En el caso de Susan Whelan, no hay nada más emocionante que manufacturar el mayor logro que cualquier equipo de fútbol inglés haya visto jamás.

CHAPTER 22

CHAN YUEN TING — DEMOSTRANDO CÓMO SE HACE

SUSAN WHELAN — LA GENIALIDAD TRAS EL MAYOR TRIUNFO del Fútbol Inglés

Si bien el esfuerzo de Whelan en reunir al equipo de marginados más grande en la historia del deporte debe recibir todo el mérito que merece, ni siquiera el más ardiente de los fanáticos del fútbol recordará que el triunfo de Leicester City de 5000-1 en la Premier League fue quizás no la historia de fútbol de 2016.

Un evento en Hong Kong, apenas un mes antes de que Leicester fuera coronado campeón de Inglaterra, tendría efectos de onda más amplios para el fútbol femenino que los heroicos esfuerzos de Leicester de Whelan. Esto se debió a que fue la primera vez que un evento como este había ocurrido.

El fútbol femenino ha avanzado innegablemente desde su inicio en el siglo XIX y la era del Dick Kerr Ladies a principios del siglo XX. Si bien numerosas barreras y prejuicios fueron derribados a principios del siglo XXI, un hito significativo quedó sin alcanzar: una mujer dirigiendo a un equipo de hombres para convertirse en campeones de primera línea de su país. Eso cambió cuando Chan Yuen Ting tomó el mando del Eastern FC en la liga de fútbol profesional de Hong Kong.

Al igual que muchas de las heroínas de este libro, los padres de Chan querían que siguiera una carrera diferente al fútbol. La animaron a convertirse en maestra en lugar de eso. No solo sus padres estaban en contra del deporte como carrera, también desaprobaban que jugara al fútbol. Sin embargo, la pasión de Chan por el deporte ardía tan intensamente que su primer obstáculo fue superar la decepción de su propia familia con respecto a su vocación elegida. Esta no fue una tarea fácil para ella, pero fue necesario para forjar su nombre en los libros de historia del mundo del fútbol.

El viaje de Chan en el juego creció a partir de una ferviente admiración por la forma en que David Beckham jugaba al fútbol. Desde allí, obtuvo una maestría en Ciencias del Deporte y Gestión de la Salud antes de conseguir su primer trabajo como analista de video para el club de fútbol profesional de Hong Kong, Pegasus FC.

Fue mientras trabajaba como analista de video que Chan perfeccionó sus habilidades tácticas en el juego. Pasando innumerables horas viendo y volviendo a reproducir varios movimientos de Pegasus y sus oponentes, se dio cuenta de que los juegos de fútbol podían ganarse con tácticas sólidas ejecutadas diligentemente por los jugadores en el campo.

Chan compaginó su papel como analista de video

con la obtención de licencias de entrenador de la Federación Asiática de Fútbol. Esta decisión, nuevamente impulsada por su amor por el juego, cambiaría el curso de la historia del fútbol femenino.

Tener la licencia de entrenador significaba que Eastern FC llamó a su puerta cuando necesitaban un nuevo entrenador. Chan estaba asustada. Había estado trabajando en la Liga Premier de Hong Kong durante 5 años, pero había sido detrás de escena en el departamento táctico de Pegasus. Ser abordada para ser la Gerente y Entrenadora Principal de uno de los equipos principales de Hong Kong era diferente. Sería arrojada al centro de atención, en un mundo dominado por hombres, sin experiencia en el trabajo para el que estaba siendo contratada.

Pero, tomando una página del libro de Susan Whelan (Capítulo 21) - algo que todas las mujeres destacadas en este libro indudablemente han hecho - se sintió cómoda al sentirse fuera de su profundidad y asumió el papel con valentía y diligencia.

Chan ha hablado a menudo sobre sentirse nerviosa y asustada al asumir el papel principal en uno de los principales equipos de Hong Kong. Este miedo no solo se derivaba de su falta de experiencia como gerente, sino también del hecho de que, con solo 27 años, estaba dirigiendo a hombres que eran mucho mayores y más experimentados que ella. Sin embargo, su experiencia brilló, y sus nervios se calmaron después de su primer juego a cargo, una convincente victoria por 6-1 sobre los rivales locales South China.

La modestia personifica a Chan, y mientras continuaba acumulando victorias a cargo de Eastern FC, a menudo atribuía la mayor parte de su éxito al gerente que la había precedido y se había mudado a otro club. Sin embargo, la realidad es que una gestión efectiva va más allá de las tácticas; se trata de inculcar una visión clara en todos tus jugadores y extraer lo mejor de ellos para que todos trabajen juntos hacia un objetivo común.

Y eso es exactamente lo que hizo Chan. Apenas 5 meses después de estar

al frente de Eastern FC, su equipo fue a South China FC y los venció 2-1. Esa victoria selló el título de la Liga Premier de Hong Kong 2016 para Eastern FC. Fue la primera vez que ganaron la liga en 21 años y, al hacerlo, Chan Yuen Ting se inscribió en el Libro Guinness de los Récords Mundiales al convertirse en la primera mujer en ganar un título de primera línea en el fútbol profesional masculino.

El viaje de Chan es único en el fútbol mundial, y al igual que el Dick Kerr Ladies antes que ella, ella se destaca como pionera global. Un ejemplo brillante para las niñas en todas partes de que no importa cuán nerviosas, asustadas o despreparadas se sientan, con trabajo duro y autoconfianza, pueden lograr todo lo que se propongan. Incluso en un mundo dominado por hombres como el fútbol, la creencia y el trabajo duro romperán incluso las barreras más difíciles.

Chan Yuen Ting se destaca como pionera en el mundo del fútbol femenino. Aunque sus logros son relativamente recientes, sin duda serán reconocidos como el catalizador de una era en la que los gerentes masculinos y femeninos compiten a nivel mundial. Si bien esta igualdad aún no se ha realizado completamente, el enfoque visionario de Chan Yuen Ting destaca cuán adelantada está verdaderamente en su tiempo.

CHAPTER 23

JACQUI OATLEY — MOLDEANDO LA PERCEPCIÓN DE MILLONES

SI LAS HAZAÑAS DE CHAN YUEN TING EN CHINA (CAPÍTULO 22) marcaron el comienzo de una nueva forma de pensar, entonces la influencia de Jacqui Oatley en Inglaterra, el otro país fundador del fútbol, no puede pasar desapercibida.

Y curiosamente, al igual que Chan, fue a los 27 años cuando la influencia de Jacqui Oatley en el fútbol comenzó a materializarse. Verás, fue a esta edad cuando Oatley decidió que un cambio de profesión era necesario. Esta decisión llegó después de que una devastadora lesión de rodilla obligara a Oatley a reevaluar el rumbo de su carrera futbolística.

Jacqui Oatley era una futbolista amateur que amaba el deporte. Trabajaba como gerente de ventas y marketing durante el día, y por la noche saciaba su insaciable sed de fútbol jugando para el Chiswick Ladies Football Club en Londres.

Después de sufrir una lesión de rodilla debilitante

mientras jugaba para su equipo, le dijeron que estaría fuera del juego durante 10 meses. 10 meses sin fútbol son 10 meses demasiado largos para un amante del deporte, así que tomó la drástica decisión de cambiar completamente su vida para que girara en torno al deporte.

¡Decidió cambiar su carrera y formarse como periodista!

Si su lesión le impedía jugar al deporte, entonces esta nueva decisión le permitiría cubrir el deporte desde las gradas. Fue una decisión que acabaría tocando las vidas de cientos de millones de personas en todo el mundo.

Después de obtener su título de periodismo, gradualmente ascendió en las filas de la BBC. La BBC, abreviatura de British Broadcasting Corporation, es una de las primeras compañías de radiodifusión del mundo y, probablemente, la emisora más prestigiosa y confiable a nivel mundial. Dentro del Reino Unido, la BBC presenta un programa insignia de fútbol llamado Match Of The Day, que es la forma en que la mayoría de los británicos consumen el deporte nacional del país, el fútbol.

El 21 de abril de 2007, Jacqui Oatley hizo historia al convertirse en la primera mujer en el Reino Unido en comentar un partido de fútbol profesional masculino. Un evento aparentemente inocuo que en realidad tendría enormes consecuencias para mujeres como Fara Williams (Capítulo 12) y otros atletas profesionales.

Lamentablemente, nunca antes de 2007 se había visto ni escuchado a una mujer comentando públicamente un partido de fútbol masculino profesional en Inglaterra. No debería haber sido algo tan importante en la Inglaterra del siglo XXI, pero la decisión de tener a una mujer comentando sobre un deporte masculino inicialmente envió ondas de choque en el deporte dominado por hombres. La gente, basándose únicamente en el género de Oatley, cuestionaba sus credenciales y su capacidad para hacer su trabajo.

Al igual que todas las mujeres mencionadas en este libro, Oatley perseveró a través de críticas injustas, mostrando su tenacidad y determinación frente a la adversidad. Oatley se sintió aislada y maltratada por las críticas. En una época en la que los trolls de las redes sociales comenzaban a aparecer por miles, Oatley tuvo que profundizar y creer en su capacidad. Su fuerza mental estaba siendo puesta a prueba y necesitaba cambiar de perspectiva para salir indemne del otro lado. Es por eso que se centró en el privilegio de poder comentar para la BBC en lugar de los matones anónimos en línea que intentaban descarrilar su carrera.

La perseverancia de Oatley solo fue superada por su talento como comentarista de fútbol. Claramente una ávida conocedora del juego, pasó a ser una comentarista establecida de partidos de fútbol en Inglaterra. Al hacerlo, inspiró a miles de niñas a perseguir sus sueños periodísticos en una cultura dominada por hombres. Había una creciente generación de amantes del fútbol femenino que veían a Oatley como un faro de inspiración para seguir una carrera en el deporte fuera del campo de juego.

Más importante que inspirar a estas jóvenes, sin embargo, es la semilla que Oatley plantó en el tejido social de cómo la mayoría de las personas veían el deporte. Hasta que Oatley hizo del comentario femenino algo común, existía un elemento de que el fútbol era tratado como un "club de chicos" en todo el mundo.

Oatley ayudó a cambiar las desigualdades de género en todos los deportes, pasando a comentar en otros deportes como billar, golf y MotoGP. Pero es la huella indeleble que dejó en el comentario futbolístico lo que allanó el camino para que comentaristas como Fara Williams fueran vistos y escuchados como iguales al comentar eventos globales como la Copa Mundial de la FIFA masculina. Oatley abrió la puerta de la oportunidad a cientos de locutoras en todo el mundo, llegando a una audiencia aún mayor cuando se convirtió en la primera mujer en comentar un programa de la Copa Mundial de la FIFA masculina en 2022.

Fue nombrada Miembro de la Orden del Imperio Británico (MBE) en 2016 por sus servicios a la radiodifusión y la diversidad en el deporte en el Reino Unido. Sin embargo, el mayor elogio que se le puede dar es el reconocimiento que merece por mostrar el coraje de seguir un camino que nunca antes había sido transitado por una mujer. Fue lo suficientemente valiente como para entrar en una cabina de prensa en un momento en que los hombres tristemente asumían que si una mujer estaba en una cabina de prensa, o bien traía el té o, en el mejor de los casos, era la esposa de uno de los comentaristas masculinos en la cabina de prensa.

Luchó contra las dificultades sociales que habrían abrumado a la mayoría de las personas, y a través de su tenacidad y determinación, usó su plataforma para desafiar una noción de más de cien años de que el fútbol era un deporte exclusivamente masculino. Jacqui Oatley cambió eso, una palabra a la vez, partido tras partido, torneo tras torneo, haciendo del fútbol un deporte mucho más inclusivo. Un deporte al que millones de niñas en todo el mundo ahora pueden relacionarse más fácilmente cada vez que escuchan el comentario de Oatley en la televisión.

CHAPTER 24

GURINDER CHADHA — FORJADORA DE SUEÑOS FUTBOLEROS

GURINDER CHADHA NO ESTÁ SOLA EN ROMPER BARRERAS EN LA historia del deporte femenino en Gran Bretaña: puede estar orgullosamente al lado de Jacqui Oatley. Y aunque Chadha es cineasta y no está directamente involucrada en el fútbol, ¡su papel y alcance en el fútbol británico no pueden ser subestimados!

Chadha es la directora de la película de 2002 "Bend It Like Beckham". Una película lanzada hace más de veinte años, pero que, hasta el día de hoy, está teniendo un impacto profundo en las jóvenes que desean perseguir sus sueños de estar involucradas en el fútbol. Especialmente en las chicas de minorías étnicas en países europeos.

Aunque 2002 no parece haber sido hace tanto tiempo, el panorama del fútbol para mujeres era muy diferente y hostil en ese entonces. Para empezar, el fútbol femenino ni siquiera era un deporte profesional en el Reino Unido cuando Chadha lanzó su película. Entonces, al igual que todas las mujeres extraordinarias en este libro, Chadha estaba adelantada a su tiempo cuando abrió el camino que inspiró a millones de jóvenes a tomar el deporte.

"Bend It Like Beckham" cuenta la historia de Jess, una chica británico-india que lucha por abrazar su herencia india y al mismo tiempo ser fiel a su amor por el juego. En esa lucha interna, Chadha encapsula bellamente el hilo común que la mayoría de las mujeres en este libro han tenido: una lucha con sus padres para permitirles perseguir sus sueños en un deporte que aman.

La película de bajo presupuesto fue un éxito instantáneo ya que hablaba a millones de chicas en todo el país que se sentían solas simplemente porque amaban un deporte que era desalentado por los padres y dominado por hombres. La película de Chadha inspiró a una generación de mujeres, especialmente a chicas negras y asiáticas, a liberarse de las cadenas del temor y seguir el juego que amaban.

La película se lanzó 30 años después de que la FA inglesa levantara su prohibición sobre las mujeres que juegan al fútbol, y lamentablemente, no se había hecho mucho progreso en el fútbol femenino en ese tiempo. 20 años después del lanzamiento de la película, Chadha logró algo que solo se había visto antes en Inglaterra con la Beatlemanía. El aumento en la participación de las chicas aumentó de manera tan dramática que para 2020 había 3.4 millones de chicas jugando al fútbol en el Reino Unido. Si bien esto fue ayudado por el "Gameplan for Growth" de la FA, sería negligente no mencionar el esfuerzo invaluable que tuvo la obra maestra de Chadha en cambiar la forma en que las chicas veían el juego.

La película de Chadha fue un bastión de esperanza e inspiración para millones de chicas que se dieron cuenta de que el fútbol también era su juego; que su amor por un juego que en ese momento estaba dominado por hombres no era algo de lo que avergonzarse, sino de celebrar.

En resumen, su película ejemplificó el poder de la representación y cambió el sentimiento colectivo de una nueva generación. Una generación que inherentemente sería más aceptante de las mujeres en el deporte. Una generación que probablemente estaría indignada por las actitudes sociales colectivas de los padres antes que ellos.

La valentía de Chadha no solo para soñar, sino para mostrar un mundo donde el fútbol femenino capturaba los corazones y mentes de todos en el país, abrió el camino para las Leonesas Inglesas de 2022 (Capítulo 11). Este grupo extraordinario de mujeres habría sido chicas jóvenes cuando se inspiraron por primera vez en la película de Chadha. Llevarían el sueño de Chadha a la realidad para cada hombre y mujer que vivía en Inglaterra en el verano de 2022 cuando trajeron a casa el Campeonato Europeo.

En menos de dos horas, Chadha logró lo que miles de chicas habían estado soñando durante décadas. Desmintió el mito de que el fútbol era solo un deporte masculino y, al hacerlo, jugó un papel fundamental para que el público británico abrazara el fútbol femenino.

La película de Gurinder Chadha es el equivalente de marcar un hat-trick en una final de la Copa del Mundo. Y por eso, debe ser celebrada con la misma pasión y fanfarria, si no más, que todos los demás futbolistas en este libro.

CHAPTER 25

KARREN BRADY — LA PRIMERA DAMA DEL FÚTBOL

MUY SIMILAR A SUSAN WHELAN (CAPÍTULO 21), HAY UNA mujer increíble detrás del éxito de uno de los campeones europeos más recientes del fútbol inglés.

West Ham United aseguró la victoria en la Europa Conference League en 2023 con Karren Brady sirviendo como vicepresidenta del club. Si bien ha desempeñado un papel crucial en estabilizar el club, que anteriormente era conocido por fluctuar entre los dos primeros niveles del fútbol inglés, es su carrera completa en la industria del fútbol lo que realmente la distingue.

Si bien su crianza puede haberle dado a Brady una ventaja en su carrera empresarial, las cosas que ha hecho en los negocios desde que se le proporcionó la oportunidad de brillar han sido nada menos que notables.

Cuando tenía 18 años, trabajaba para Saatchi & Saatchi, posiblemente la agencia de publicidad líder en el mundo, antes de elegir trabajar en la London Broadcasting Corporation. ¡Fue allí donde conoció a David Sullivan y su vida en el fútbol despegó!

Sullivan quedó muy impresionado por la determinación y ética laboral de una joven Brady. ¡Estaba tan impresionado que cuando ella sugirió en broma comprar un club de fútbol en apuros y confiarle su gestión para sacarlo adelante financieramente, él aceptó de inmediato!

Y así fue, a la temprana edad de 23 años, en medio de una cultura dominada por el machismo, que valientemente asumió el cargo de Directora Ejecutiva en el Birmingham City Football Club. El club, enfrentando la bancarrota en ese momento, fue rescatado y transformado en una entidad financieramente estable bajo el liderazgo de Brady, que eventualmente generó ganancias sustanciales después de solo unos pocos años.

Brady tuvo que desarrollar una piel gruesa desde muy temprano. Trabajar en una industria dominada por hombres a una edad temprana, como líder de hombres, presentaba numerosos desafíos. A pesar del entorno chovinista, demostró resistencia y tenacidad a diario. Cuando se enfrentó a comentarios inapropiados de un jugador del Birmingham City, la respuesta de Brady fue rápida: humorísticamente sugirió que sería vendido a Crewe, una ciudad en el norte de Inglaterra con un prestigio futbolístico limitado. Un club donde ningún profesional de élite querría jugar. Aunque inicialmente percibido como una broma, ¡el jugador fue transferido a Crewe tres días después, demostrando que Brady no estaba para bromas! Ella envió un mensaje fuerte ese día.

Bajo el liderazgo de Brady, el Birmingham fue ascendido a la Premier League. Cuando Sullivan vendió el club 17 años después, se valoró £80m más que su valor antes del reinado transformador de Brady.

En 2010, se convirtió en vicepresidenta de West Ham United y de inmediato se propuso consolidar el estatus del club londinense como equipo de la Premier League. Persiguió el arrendamiento del recién construido Estadio Olímpico de Londres con una determinación implacable, con el objetivo de establecer al club como un elemento permanente en la liga.

Luchando con uñas y dientes y superando una dura competencia del Tottenham Hotspur, aseguró el arrendamiento del estadio para el West Ham United. Este movimiento aumentó su capacidad para los días de partido de 35.000 a 62.000 espectadores, proporcionando un impulso significativo en los ingresos. Como resultado, el club se elevó en la Premier League y, en última instancia, en Europa.

En 2023, después de más de una década de trabajo dedicado para el club, el West Ham United logró la victoria en la recién formada Europa League. Aunque era la tercera división de la competición europea, ¡ganar un trofeo europeo fue un gran logro! West Ham fue coronado Campeón de Europa, un logro atribuido en gran parte a la tenacidad y habilidades pioneras de una mujer que luchó incansablemente en una fuerza laboral dominada por el ego y a menudo chovinista. Karren Brady logró lo que muchos consideraban imposible, llevando un trofeo europeo al West Ham United después de una angustiosa espera de 58 años. Felicitaciones a Karren y su equipo.

CHAPTER 26
REBECCA WELCH —
PITANDO HACIA
LA CIMA

No son *solo* las jugadoras en el campo quienes pueden ser una inspiración para las mujeres de todo el mundo. Mientras Rebecca Welch se encontraba en medio de Craven Cottage en Londres, con el corazón latiendo de emoción y anticipación, sabía que estaba inspirando a millones de niñas en todo el mundo.

Este partido de la Premier League en diciembre de 2023 marcaría un hito histórico en el mundo del fútbol, ¡y Welch estaba justo en medio de ello! Estaba a punto de convertirse en la primera mujer en arbitrar un partido de la Premier League...

Al soplar su silbato para dar comienzo al Fulham vs Burnley, estaba haciendo más que simplemente iniciar un juego, estaba cambiando el panorama de la arbitraje deportiva en el Reino Unido, rompiendo una barrera de género significativa en una de las ligas de fútbol más prestigiosas del mundo.

Desde sus humildes comienzos en Washington,

Inglaterra, Welch había emprendido un viaje notable que la había llevado a esta ocasión especial. En su camino para convertirse en árbitra, la oficial imparcial, sin rodeos, es un recordatorio para las jóvenes de todo el mundo de que el trabajo duro y el compromiso dan sus frutos para cualquiera que quiera estar en la cima de su campo.

Aunque quizás no tan espectaculares como los logros de Susan Whelan (Capítulo 21) y Chan Yuen Ting (Capítulo 22) en la gestión de jugadores de fútbol masculino hacia la grandeza, hay pocas cosas más aterradoras que supervisar la conducta de 22 hombres impulsados por el ego, pagados para competir, luchando en la liga más rápida y más vista del mundo. Sin embargo, Rebecca Welch, asumió este desafío como pez en el agua, arbitrando a estos hombres sin problemas y al mismo tiempo abriendo camino para las aspirantes a árbitras en todo el mundo.

El viaje futbolístico de Welch estuvo lleno de desafíos y obstáculos desde temprana edad; su mayor desafío fue la falta de habilidad para jugar un deporte que amaba. Sin embargo, eso no la disuadió de participar en el juego. A los 27 años, decidió formarse como árbitra, mostrando coraje para cambiar de rumbo y valentía para probar algo nuevo a una edad en la que la mayoría de la gente consideraría que es demasiado tarde.

Entrenar para arbitrar un deporte masculino no es fácil. Tu cuerpo tiene que someterse a rigurosos ejercicios físicos para asegurarte de que estás en buena forma para seguir el ritmo de los hombres que juegan en la liga más rápida del mundo. Sumando al desafío, Welch tuvo que equilibrar este exigente régimen de entrenamiento mientras trabajaba en un empleo de 9 a 5, al igual que muchas de las mujeres mencionadas en el libro.

Ella ocupaba un cargo administrativo en el Servicio Nacional de Salud en el Reino Unido, lo que requería que conciliara ambos compromisos para alcanzar los niveles superiores de su carrera arbitral. Este compromiso fue tan significativo que le llevaría a Welch 9 años de equilibrar ambos empleos antes de poder dedicarse al arbitraje a tiempo completo.

Perseveró durante casi una década, impulsada por su pasión por el juego y su deseo de inspirar a otros, y al hacerlo, rompió muchos récords y logró muchos primeros lugares: convirtiéndose en la primera mujer en arbitrar un partido de la FA Cup, así como la única árbitra inglesa en la Copa Mundial Femenina de 2023.

La histórica carrera de Welch es de gran inspiración para las mujeres de todo el mundo, no solo para aquellas que desean dedicarse al arbitraje, sino también para las mujeres que luchan por la igualdad en el deporte. Su camino desafía los estereotipos e ilustra que las barreras pueden superarse a través del talento, el compromiso y el acceso equitativo a oportunidades, sembrando las semillas para que las futuras generaciones florezcan. Como ella lo expresa de manera bastante simple: "Si quieres hacer algo, simplemente hazlo. Tu mayor poder es que **tú** eres **tú**".

CHAPTER 27
STÉPHANIE FRAPPART — LA AUDAZ ÁRBITRA DE FRANCIA

Sɪ ʟᴀ ᴄᴀʀʀᴇʀᴀ ᴅᴇ Wᴇʟᴄʜ (Cᴀᴘíᴛᴜʟᴏ 26) ᴇsᴛá ᴅᴇsᴛɪɴᴀᴅᴀ ᴀ inspirar a millones de futuras generaciones de mujeres jóvenes, entonces solo es adecuado mencionar el catalizador en el arbitraje femenino en todo el mundo. La dama que silbó su camino hacia la notoriedad global y es el ícono femenino del arbitraje en el juego de los hombres: Stéphanie Frappart.

La cúspide de la carrera de Frappart fue cuando se hizo cargo de la final de la Supercopa de Europa masculina de 2019. Fue en esa cálida tarde de verano en Estambul en agosto de 2019 que la imagen de ella dirigiendo a los mejores 22 jugadores del mundo se transmitió a cientos de millones en todo el mundo; ese momento sin duda tocó la vida de millones de niñas que miraban por televisión, finalmente podían identificarse con árbitros en el más alto nivel.

La carrera de Stéphanie no fue fácil. Le llevó más de 20 años de duro trabajo y dedicación alcanzar la Final de la Supercopa, rompiendo techo tras techo en el camino.

El viaje de Frappart es de dedicación y sacrificio. Creciendo en Herblay-sur-Seine, cerca de París, su carrera de arbitraje enfrentó un desafío significativo a la tierna edad de 18 años. Verás, Frappart jugaba al fútbol los sábados y arbitraba los domingos, una rutina que mantenía desde los 13 años. Sin embargo, a los 18, tuvo que tomar una decisión crucial que tendría implicaciones significativas. Esta decisión llegó cuando ingresó a la universidad para estudiar deporte.

En sus propias palabras, esto significaba que había "demasiado deporte" en su vida. Algo tenía que ceder. Afortunadamente, para millones de niñas que luego serían inspiradas por Frappart, lo que "cedió" fue su decisión de dejar de jugar al fútbol. Esto le permitió concentrarse en sus estudios y en su viaje como árbitra.

Su viaje de arbitraje fue largo, pero después de casi dos décadas de trabajo duro escalando los escalones profesionales en Francia, llegó a los niveles élite del fútbol profesional masculino.

El juego profesional élite de hombres está lleno de misoginia, así que lo que Frappart debe haber soportado durante más de 20 años de arbitraje en las ligas inferiores, donde hay menos responsabilidad, debería quizás quedar fuera de este libro. Sin embargo, destaca la resistencia y la piel gruesa de esta impresionante mujer. Es esta dureza y fuerza de carácter la que la convierte en un faro de inspiración para innumerables niñas en todo el mundo; su impacto realmente no puede ser exagerado.

La Final de la Copa Europea en 2019 la catapultó a la fama mundial y mostró a todos alrededor del mundo lo buena que era en su trabajo; solo fue cuestión de unos pocos meses antes de que estuviera rompiendo nuevos récords mundiales, y en 2021 el renombrado medio de comunicación L'Equipe la nombró la figura más influyente del fútbol francés. En un momento en que Francia tenía a Kylian Mbappe, posiblemente el mejor jugador del mundo en la cúspide de su poder, Frappart encabezó la lista, mostrando que el fútbol en Francia era finalmente un campo de juego nivelado.

Su alcance realmente se globalizó en 2022 cuando se convirtió en la primera mujer en arbitrar en una Copa Mundial masculina, el mayor evento deportivo de la Tierra.

"Si quieres arbitrar partidos de hombres, mejor estar en tu mejor nivel físico", dijo Frappart. Al igual que Welch antes que ella, este aspecto de su viaje merece reconocimiento. Frappart se ha dedicado a las exigencias físicas requeridas para arbitrar en el más alto nivel del fútbol masculino, esforzándose tanto, si no más, que los jugadores masculinos profesionales.

Se podría argumentar que Frappart no es solo una árbitra sino también una atleta en su propio derecho. A los cuarenta años, corre 12 kilómetros varias veces a la semana para igualar los niveles de aptitud física de los jugadores de fútbol élite en la cúspide de su capacidad física.

Haber participado en la Copa del Mundo 2022 fue el mayor logro de Frappart; superó con creces su aparición en la Supercopa 2019. Esto se debe a que la Copa del Mundo 2022 fue un torneo visto por MIL MILLONES de personas. Y ser vista importa. Los niños lo ven. Los hombres lo ven. Pero lo más importante, las niñas lo ven. Niñas que, durante mucho tiempo, han enfrentado muros en su camino hacia una carrera en el fútbol.

El notable dominio de los jugadores por parte de Frappart, su aptitud física y su comportamiento seguro en medio de 22 hombres en el campo, sirven como una poderosa fuerza para derribar las barreras que han impedido a las niñas seguir una carrera en el fútbol. A través de sus actuaciones ejemplares, ha allanado el camino para futuras árbitras, asegurando que los obstáculos que enfrentó ya no se interpongan en su camino.

Al arbitrar los juegos más importantes del fútbol mundial, ha destrozado nociones preconcebidas sobre el papel de las mujeres no solo en el deporte, sino también en la sociedad. Gracias a Stéphanie, nunca más el arbitraje será visto como un "trabajo de hombres"; ciertamente ha inspirado a muchas jovencitas a seguir su ejemplo.

CHAPTER 28

ENI ALUKO — ESPÍRITU INDOMABLE

ENIOLA ALUKO NACIÓ EN NIGERIA EL 21 DE FEBRERO DE 1987 Y se trasladó a Inglaterra apenas seis meses después. Fue en las calles de Birmingham donde perfeccionó sus habilidades futbolísticas, jugando hasta altas horas de la noche con su hermano en los campos de concreto de la segunda ciudad más grande de Inglaterra.

La llamaban "Eddie" cuando jugaba para que encajara más con los chicos. Sin embargo, no pasó mucho tiempo antes de que no encajara. Eni, resultó ser mucho mejor en fútbol que la mayoría de los chicos y destacaba cada vez que tocaba el balón.

Desde muy temprana edad, Eni comenzó a mostrar la fuerza y determinación que definirían su carrera. Y al igual que muchas de las mujeres sobresalientes de este libro, tuvo a la más fuerte de las modelos a seguir en su madre, quien la motivó a seguir su propio camino, sin importar lo que pensaran los demás. La madre de Aluko estaba bajo presión de sus parientes nigerianos para desalentar a Eni de seguir su amor por el fútbol. Impulsada por una cultura conservadora, la familia nigeriana de Eni no pensaba que el fútbol fuera un deporte para chicas. No pensaban que ningún deporte fuera adecuado para las chicas, pero que si tenía que elegir uno, tal vez el tenis sería el camino correcto a seguir porque era un deporte en el que podías usar una falda.

Sin dejarse influenciar por la mentalidad desactualizada y protegiendo a su hija de comentarios innecesarios, la madre de Eni apoyó a una joven Aluko para perseguir sus sueños de convertirse en jugadora de fútbol profesional, y a la edad de solo 14 años pasó a jugar en el primer equipo femenino del Birmingham City FC. Fue el comienzo de una carrera increíble que la llevaría a jugar para clubes como el Chelsea y la Juventus.

También vería a la estrella nacida en Nigeria obtener su primer puesto con Inglaterra. Fue su papel con Inglaterra lo que llevaría a Aluko a luchar una de sus mayores batallas. Como mujer de origen africano, tuvo que luchar contra conceptos erróneos en dos frentes mientras dejaba su marca en el fútbol. Uno, que el juego de mujeres no era tan bueno como el de los hombres, pero dos, y tal vez uno que la lastimaría más, era que en realidad no era inglesa porque nació en Nigeria. Su fuerza de carácter salió a relucir una vez más. No solo prosperó con el equipo inglés después de ese primer juego internacional, sino que continuó representando a su país otras 101 veces, desafiando a los críticos con cada gol que marcaba para su país. De vuelta en su país natal, estaba luchando otra batalla, y era tener que justificar por qué eligió jugar para Inglaterra en lugar de Nigeria, parecía que Aluko simplemente no podría ganar. Pero lo hizo. En muchos niveles diferentes.

Lo que hace la carrera de Eni aún más impresionante es que, al igual que Nadia Nadim (Capítulo 2), equilibró su carrera profesional en el fútbol con sus estudios. Se graduó de la Universidad Brunel con un título de primera clase en derecho. Un claro entendimiento de la ley, junto con una necesidad inherente de cambiar la cara del fútbol femenino, es lo que la llevó a enfrentarse a la Asociación de Fútbol de Inglaterra.

A menudo se dice que lo único necesario para el triunfo del mal es que las personas buenas no hagan nada. El mundo del fútbol puede ser un lugar donde estos males se traduzcan en racismo casual y misoginia apenas velada, y Aluko decidió hacer algo.

Se quejó a la Asociación de Fútbol de Inglaterra sobre comentarios que hizo su manager Mark Sampson sobre su familia proveniente de Nigeria. Tal vez fueran comentarios inocuos en su mente (¡y en la mente de muchos!), pero Aluko arrojó luz sobre cómo comentarios inapropiados como los de Sampson pueden moldear desfavorablemente la forma en que se ven a los inmigrantes en los países que adoptan como su hogar. Sampson dejó su cargo como Gerente del Equipo de Mujeres de Inglaterra y Aluko enseñó a millones una lección sobre defender lo que uno cree. No solo se necesitó valor para enfrentarse a su jefe, sino que también enseñó a una nación que los chistes fuera de lugar o las generalizaciones sobre la raza de alguien nunca están bien.

Habiendo tenido una carrera profesional en el fútbol que muchos envidiarían, Aluko luego hizo su declaración más grande como comentarista. En 2014 se convirtió en la primera comentarista mujer en el programa de la BBC Match Of The Day. Match Of The Day es el programa insignia de fútbol del Reino Unido y es visto por millones de espectadores cada sábado por la noche. Para los sueños y aspiraciones de millones de niñas que antes no podían relacionarse con el fútbol profesional en el Reino Unido, era importante que una mujer se viera en sus pantallas de televisión.

La elocuencia, inteligencia y pasión de Aluko por el juego eran evidentes cada vez que aparecía frente a las cámaras. Sus habilidades como comentarista fueron tan impresionantes que la BBC continuó invitándola para más apariciones. Al igual que sus numerosos goles para Inglaterra, que contribuyeron a la creciente popularidad del equipo femenino, su conocimiento del fútbol transformó el panorama del comentario futbolístico británico. Antes de Aluko, era raro ver a mujeres analizando el fútbol masculino.

Lo hizo con gracia y, al igual que muchos otros aspectos de su vida, no sin tener que luchar contra conceptos erróneos. Hubo momentos mientras discutía la Copa del Mundo masculina de 2018 en vivo en el aire que otros comentaristas varones aplaudirían sus comentarios. Esto se debió sin duda a su impresionante conocimiento del fútbol, pero también destacó las desigualdades y conceptos erróneos que aún existían en el deporte. Incluso si no había malicia en los aplausos, subrayó los desafíos que enfrentaban las mujeres al comentar sobre el fútbol masculino. Sin embargo, Aluko continuó entregando clases magistrales de análisis a todo el Reino Unido, convirtiéndose lentamente pero seguramente en un nombre conocido.

Aluko, al igual que Oatley (Capítulo 23), lo llevó al mainstream y aceptó que ambos géneros discutieran abiertamente el fútbol profesional masculino en el Reino Unido. Su presencia en la televisión indudablemente tendrá un impacto profundo en millones de niños en los patios de recreo de todo el Reino Unido. Los niños ya no verán a las niñas como nada más que sus iguales en el juego, y significa que las niñas jóvenes como Eni ya no tendrán que llamarse "Eddie" para encajar.

CHAPTER 29

REBEKAH STOTT — SUPERANDO LÍMITES INIMAGINABLES

DE TODAS LAS LUCHAS Y PRUEBAS QUE LAS MUJERES EN ESTE libro han enfrentado, hay una batalla que es quizás la más difícil de superar. Es una lucha que 4.4 millones de mujeres en todo el mundo pierden cada año, y esa es la lucha contra el cáncer. Rebekah Stott estaba decidida a no sumarse a esas cifras.

Stott nació en Nueva Zelanda y desde muy joven tuvo un balón a sus pies. No pasó mucho tiempo antes de que cruzara el Mar de Tasmania y debutara en el equipo femenino de la A-League australiana, Brisbane Roar.

Su defensa fuerte y decidida impresionó tanto que el Melbourne Victory llamó a su puerta después de solo un año en Brisbane Roar. No solo le consiguió un traslado a uno de los equipos líderes de Australia, sino que el espíritu luchador que mostró en el campo de fútbol finalmente salvaría su vida y definiría su increíble carrera.

Después de ascender en el fútbol australiano, la carrera de Stott la llevó a la Superliga Femenina Inglesa, donde representó al Brighton & Hove Albion. El año era 2020 y mientras la mayoría del mundo se encontraba en aislamiento, Alex Stott estaba lista para comenzar con su nuevo club y rápidamente dar inicio a este nuevo capítulo de su carrera. Desafortunadamente, la vida tenía otros planes para ella.

Se encontró yendo constantemente a chequeos después de encontrar un bulto en el cuello. El bulto seguía creciendo y los médicos no sabían muy bien qué estaba mal, hasta que unos meses después le dieron el diagnóstico de linfoma de Hodgkin, que es un tipo de cáncer de sangre.

El cáncer es la segunda causa de muerte más importante de los humanos, con una de cada seis muertes en el planeta causadas por la enfermedad. Es un testimonio del carácter de Stott que cuando le diagnosticaron cáncer, ella "en realidad se sintió aliviada".

Enfrentó la enfermedad de la misma manera en que enfrentaba a todos los delanteros con los que se había encontrado en su carrera: sin miedo.

Conocer a su enemigo la ayudó a superarlo, "Pensé: 'Sí, podemos hacerlo, ahora puedo enfrentarlo y mejorar'", dijo después de escuchar su diagnóstico. ¡Hablando de ser una mujer fuerte y valiente!

En medio de un mundo que se retiraba al aislamiento, Stott emergió valientemente con noticias de su batalla, llegando y conectando con una audiencia cada vez mayor a través de un blog que documentaba su viaje. Regresando a Australia para enfrentar su cáncer de frente, se encontró envuelta en una ola de apoyo de amigos cercanos y lejanos.

Un par de meses después de la enfermedad, que le costó la oportunidad de aparecer en los Juegos Olímpicos de Tokio, Stotty había perdido todo su cabello. Parecía que los efectos secundarios demasiado tristes y comunes del cáncer estaban afectando a la estrella neozelandesa, pero, al igual que sus actuaciones en el campo, Stott estaba a punto de defenderse con todas sus fuerzas y salir victoriosa. Se negó a dejarse abatir y demostró a través de su blog que era posible luchar contra esta terrible enfermedad con una actitud positiva y una sonrisa en el rostro.

Durante su batalla contra el cáncer, Stott fundó una empresa llamada "Beat It by Stotty", que ofrece bolsas llenas de artículos reconfortantes para pacientes con cáncer durante sus estancias en el hospital. Su empatía por los compañeros pacientes con cáncer fue evidente en la solidaridad que demostró durante el período más oscuro de su vida.

Rebekah tenía previsto tener 6 rondas de quimioterapia, pero después de solo la tercera ronda, su espíritu luchador había prevalecido. Mientras se preparaba para su cuarta ronda de quimioterapia, el médico le dio la buena noticia de que sería la última: ¡parecía que su cuerpo estaba ganando la batalla contra el cáncer!

Un mes después, ¡se confirmó! ¡El médico le dio la buena noticia de que estaba en remisión! ¡Había vencido al cáncer!

No pasó mucho tiempo antes de que estuviera de

vuelta en el campo. Jugó nuevamente para los Bulleen Lions solo 348 días después de hacer su última aparición para el Brighton and Hove Albion. Mientras algunas personas pasan toda una vida sin mucho logro, en el espacio de un año, Stott no solo había jugado para dos equipos profesionales, sino que también había vencido al cáncer e inspirado a millones de personas con su historia de coraje y determinación.

El broche de oro para Stott llegó en 2023 cuando pisó el campo en su tierra natal para representar a su país en el pináculo de la carrera de cualquier jugador: la Copa del Mundo. Aunque las Ferns no lograron el resultado deseado en su torneo local, convirtiéndose en la primera nación anfitriona en ser eliminada de la Copa del Mundo Femenina en la fase de grupos, Rebekah Stott ya había logrado la mayor victoria entre todas las mujeres partici-pantes en ese evento. Con una sonrisa en su rostro y un espíritu alto y consistente, triunfó sobre uno de los mayores adversarios en nuestro planeta, inspirando a toda una generación de hombres y mujeres a soñar en grande cuando se enfrentan al desafío más aterrador de la vida.

El sueño de Stott solo está mejorando, al momento de escribir esto, ¡se le ha otorgado la capitanía de su equipo de fútbol, el Melbourne City, una prueba de su resiliencia y determinación! Esta nueva oportunidad de vida solo ha aumentado su determinación de tener un impacto aún mayor en los millones de niñas de todo el mundo que sueñan con lograr el éxito en el mundo del fútbol.

CHAPTER 30

FORMIGA — FORMIDABLE A LO LARGO DE LAS ERAS

¿Cómo se puede empezar a contar la historia de la jugadora que ha participado en el fútbol internacional durante el mayor tiempo? Solo parecería apropiado comenzar desde el principio...

Miraildes Maciel Mota llegó al mundo en Salvador, Brasil, en 1978, en una familia de cuatro hermanos. Ella era la única niña entre los hermanos, y cuando tenía 8 meses, su padre murió.

Su madre crió a la familia, y tal vez por ósmosis, Miraildes adquirió una ética de trabajo implacable que definiría su carrera. Una ética de trabajo de proporciones épicas que la convertiría en una de las gigantes del juego, metafóricamente hablando, por supuesto, ya que solo mide 163 cm.

A pesar de haber nacido en una época en la que era ilegal para las mujeres jugar al fútbol en Brasil, Miraildes se enamoró del fútbol desde una edad temprana, y a menudo se unía a sus hermanos cuando jugaban en las calles de Bahía. Desafortunadamente para ella, no recibía el mismo amor de sus hermanos que muchos de los otros jugadores de fútbol en este libro. Sus hermanos solían decirle que "volviera a casa a lavar platos", ya que no soportaban la idea de que su hermana jugara al fútbol con ellos, y mucho menos que jugara mejor que ellos, ¡lo cual a menudo hacía!

Afortunadamente para Miraildes (y para incontables generaciones de niñas que han sido inspiradas por ella), nunca se permitió que los comentarios egoístas e ignorantes de sus celosos hermanos la desanimaran. Alentada por el apoyo inquebrantable de su madre, perseveró a pesar de los comentarios dañinos basados en estereotipos de género arrojados hacia ella por su propia familia y se mantuvo firme en la búsqueda de sus sueños.

En las calles de Salvador, Miraildes comenzó a mostrar la valentía que desafiaba su corta edad y que caracterizaría su carrera. Cuando era niña, a menudo llamaba a las puertas de sus vecinos, invitando a otras niñas a unirse a ella para jugar al fútbol. Sin embargo, la respuesta de sus amigas era a menudo vacilante y llena de aprensión. "¿Estás loca?! ¡Mi papá me mataría!" exclamaban.

A pesar de la desaprobación social hacia las niñas que juegan al fútbol, Miraildes estaba decidida a no dejar que nada la detuviera en la búsqueda de su pasión número uno. Se negó a permitir que los estúpidos estereotipos dictaran sus sueños, sabiendo en su corazón que eran solo eso: estúpidos.

Miraildes poseía no solo una actitud progresista hacia la vida, sino también un notable cerebro futbolístico. Incluso desde joven, demostraba una habilidad sin igual para leer un juego de fútbol. Si bien su excepcional coeficiente intelectual en el fútbol la llevaría más tarde a tener la carrera internacional más larga en la historia del fútbol, fue su determinación implacable en el campo lo que le valió el apodo de "Formiga", que significa 'hormiga' en su portugués natal. Este apodo le fue dado por un espectador que la vio jugar a la tierna edad de 13 años. La cobertura incansable de Miraildes del terreno de juego ese día fue tan notable que el espectador comparó su ética de trabajo con la de una hormiga. "Formiga" luego se quedó para siempre.

La carrera de Formiga despegó cuando tenía 17 años y fue convocada para el equipo de la Copa del Mundo de Brasil en 1995. Fue el comienzo de una carrera aparentemente interminable. Al año siguiente, aparecería en los Juegos Olímpicos de Atlanta 96, la primera vez que el fútbol femenino hizo una aparición en los Juegos Olímpicos. ¡En el momento de escribir esto, nunca ha habido una competición de fútbol femenino en los Juegos Olímpicos en la que Formiga no haya participado, y Atlanta 96 fue hace más de 27 años!

La notable ética de trabajo de Formiga no solo le valió un apodo, sino que también la impulsó hacia logros sin precedentes en el fútbol. Su habilidad para leer el juego, combinada con su excepcional estado físico, le permitió hacer historia como la única jugadora en participar en siete Copas del Mundo y siete Juegos Olímpicos.

Formiga acumuló 234 partidos internacionales antes de retirarse en 2021.

Formiga personifica la esencia del fútbol como un juego de equipo. A pesar de provenir de Brasil, una nación conocida por producir extraordinarios individuos en el fútbol, su longevidad es un testimonio del poder del trabajo en equipo. Ella ilustra que los mejores equipos de fútbol sobresalen porque operan como unidades cohesionadas, mayores que la suma de sus partes individuales, ¡incluso cuando incluyen a la jugadora internacional de más larga duración en el fútbol mundial!

En un país donde la federación de fútbol favorece al equipo masculino sobre el femenino (no muy diferente de las Reggae Girlz de las que hablamos en el Capítulo 3), Formiga se ha asegurado de que su presencia eterna deje una huella en el fútbol femenino en Brasil. Su nombre puede ser mencionado en las mismas frases que otras leyendas brasileñas como Pelé, Ronaldo y Marta.

El enfoque intrépido de Formiga hacia el juego comenzó siendo una niña cuando invitaba a otras niñas en su calle a jugar al fútbol con ella. Dispuesta a romper convenciones a esa edad, esa perspectiva visionaria continuó a lo largo de su carrera y le permitió convertirse en la jugadora con más partidos en la historia de Brasil. A pesar de retirarse del fútbol internacional a los 43 años, el legado de Formiga fuera del campo está destinado a tener un impacto aún más duradero que su ilustre carrera como jugadora.

Su historia y su viaje sirven de inspiración no solo

para millones de niñas en todo el mundo, sino también para los hombres, especialmente para sus propios hermanos. ¡En un giro del destino encantador, presenciar la incansable determinación de Formiga hacia la cima del fútbol mundial ha convertido a sus hermanos en sus mayores admiradores!

CHAPTER 31

RAFAELLE SOUZA — ENCARNANDO LOS SUEÑOS DE MILLONES

AL IGUAL QUE MUCHAS ESTRELLAS DEL FÚTBOL BRASILEÑO, EL viaje de Rafaelle comenzó pateando una pelota arriba y abajo por algunas de las calles más pobres de Brasil. Descalza y hambrienta, su amor por el fútbol hizo que su infancia fuera más feliz de lo que las condiciones circundantes deberían haberla hecho.

Creciendo en su ciudad natal de Cipo, Bahía, Rafaelle vivió y respiró fútbol. No fue hasta los 10 años que comenzó a pensar en convertir lo que amaba en una profesión. Sin embargo, los sueños se extinguieron rápidamente cuando se dio cuenta de que no había mujeres que jugaran al fútbol, después de todo, todas las personas que veía en la televisión jugando eran hombres.

Nunca había visto un partido de mujeres y estaba convencida de que un equipo de mujeres profesionales no existía. Sin embargo, la atracción y el amor por el juego que amaba eran tan fuertes que continuó jugando al fútbol con otros niños, sin importarle el hecho de que pensara que nunca llegaría a ser jugadora de fútbol profesional.

Todo eso cambió para Rafaelle en una mañana de septiembre de 2007, cuando encendió su televisión y se encontró viendo a Formiga (Capítulo 30) en la TV. La emisora nacional brasileña estaba transmitiendo la final de la Copa del Mundo Femenina en la TV y Formiga y sus compañeras estaban en China luchando contra Alemania para ver quién se convertiría en campeón del mundo. Esto resultó ser uno de los dos momentos más decisivos en la vida de Rafaelle.

Brasil perdería el partido, pero su derrota se convertiría en una pequeña victoria para miles de niñas en todo el país. Niñas como Rafaelle que ni siquiera sabían que las mujeres podían jugar al fútbol de manera competitiva, ¡mucho menos representar a su país en la final de un Mundial! ¡Esta fue la representación en su máxima expresión!

Ver a chicas como ella competir al más alto nivel impulsó a Rafaelle a tomar medidas. Especialmente después de ver a Marta jugar para Brasil, ya que ella venía de Alagoas, justo al lado de Bahía, que es el estado en el que vivía Rafaelle.

No pasó mucho tiempo antes de que se encontrara jugando para Sao Francisco do Conde, en Salvador, antes de que le ofrecieran una beca de fútbol en la Universidad de Mississippi. Sobresaliendo en los Estados Unidos, marcó 44 goles en 61 partidos para su universidad y obtuvo un título en Ingeniería Civil. Sus logros mostraron su capacidad para tener éxito tanto dentro como fuera del campo, demostrando que cualquier cosa que Rafaelle se propusiera, la lograría.

Debido a la falta de apoyo financiero mostrado al fútbol femenino, y animada por su éxito académico, Rafaelle estuvo aterradoramente cerca de aceptar un trabajo justo después de la universidad.

"Estaba a punto de estudiar ingeniería porque podía ganar más dinero que jugando al fútbol en Brasil", dijo Souza a la BBC.

Afortunadamente para el fútbol femenino, y este es el segundo momento decisivo en la vida de Rafaelle, el club de fútbol Changchun Zhuoyue vino a llamar a su puerta con una oferta lucrativa para jugar en la Liga Superfemenina de China. Esto aceleró su trayectoria hacia el escenario mundial y no pasó mucho tiempo antes de que estuviera jugando para el Arsenal FC en Inglaterra, convirtiéndose en la primera mujer brasileña en vestir la camiseta de los Gunners.

Después de ver a Formiga jugar en la Final del Mundial de 2007, Rafaelle se encontró jugando junto a 'La Hormiga' para Brasil solo 4 años después. Debutó para Brasil en 2011 y junto con Formiga y Marta, formó la columna vertebral de un equipo que inspiraría a millones de niñas en Brasil, el hogar espiritual del fútbol.

Rafaelle ganaría la Copa América Femenina dos veces y también ayudaría al Arsenal a ganar la Copa de la Liga de Mujeres en 2023. Como defensora sin rodeos, asegurar la Copa América en 2022 sin conceder un solo gol será uno de los mayores logros de Rafaelle. Sin embargo, su legado será forjado por algo más grande que cualquier trofeo individual.

Ha ascendido a través de las filas internacionales y actualmente es la capitana del equipo de fútbol de Brasil. Desde una niña de 16 años que ni siquiera sabía que las mujeres podían jugar al fútbol, ahora lleva el manto de la representación, inspirando a las niñas jóvenes de todo su país a soñar con convertirse en estrellas del fútbol profesionales desde una edad temprana. Con cada patada de la pelota y cada tackle duro en el campo, demuestra que los sueños de triunfar profesionalmente no deberían estar restringidos a los niños jóvenes en Brasil, ¡sino que sus compañeras de clase en el patio de la escuela también pueden aspirar a lograr los mismos sueños!

El viaje de Rafaelle comenzó en 2007 cuando presenció a la mejor jugadora de la historia representando a su país en la televisión. En un giro extraordinario de los eventos, no solo replicó esos logros, sino que dentro de unos años de ver al equipo de su país en la televisión, pasó a ser capitana de un equipo de Brasil que incluía a la mejor jugadora de la historia. La inquebrantable determinación y tenacidad de Rafaelle para perseguir sus sueños, junto con su papel como capitana de un equipo que contaba con la mejor jugadora de la historia, sin duda la hacen digna de mención en este libro.

Pero ¿quién es realmente la mejor jugadora de la historia a la que nos referimos? Bueno, me alegra que hayas preguntado...

CHAPTER 32

MARTA — INMORTAL

"LLORA AL PRINCIPIO PARA QUE PUEDAS SONREÍR AL FINAL." -
Esas fueron las apasionadas palabras de Marta Vieira Da
Silva para las mujeres de todo Brasil cuando fueron elim-
inadas de la Copa Mundial de 2019.

Hacía una súplica desesperada para que más mujeres
en su país siguieran sus pasos y revivieran un equipo
brasileño que no lograba atraer a niñas más jóvenes al
equipo.

La historia de Marta está marcada por una increíble
dificultad y una batalla implacable contra los
estereotipos y la desigualdad. Y al igual que tantas
mujeres inspiradoras en este libro, su viaje fue moldeado
por la influencia de su madre.

Nacida en 1986 y creciendo en Brasil rural, Marta se
despertaba todas las mañanas con un deseo incansable
de salir y jugar al fútbol. Tenía esta pasión ardiente a
pesar de ser diferente: estaba rodeada por un mar de
niños cada vez que jugaba. Solo niños. Ni una sola niña.

Para cuando Marta se despertaba, su madre ya habría dejado a ella y a sus tres hermanos a su suerte. Como madre soltera, la madre de Marta trabajaba duro para mantener a la familia, y no regresaría a casa hasta más tarde en la noche, después de que el sol se hubiera puesto. Cuando llegaba a su vecindario, se encontraba con vecinos indignados que se quejaban de las acciones de Marta durante el día.

"¿Qué ha hecho ella?" era lo primero que preguntaría la madre de Marta a los vecinos irritados.

Resulta que el único delito de Marta era jugar al fútbol con los niños. Sin embargo, su madre fue bombardeada con quejas cuando llegaba a casa después de horas de trabajar duro:

"¿Por qué la dejas jugar un juego de hombres?"

"¿Qué hace una niña corriendo con los niños?"

"¿Qué está tratando de demostrar?"

Afortunadamente para Marta, su madre ignoraba todas las palabras negativas y alentaba a su hija a seguir practicando el deporte que amaba. A Marta no le importaba que la llamaran nombres o que la molestaran los abusones, simplemente amaba demasiado el deporte. Fue su audacia para luchar cuando el 99% de las personas se habrían dado por vencidas lo que la llevó a convertirse en una de las mejores jugadoras de la Tierra. Aunque indudablemente fue herida por los insultos que le lanzaron, Marta encontró fuerza en el apoyo de su madre para seguir persiguiendo su pasión.

Inspirada por la dedicación incansable de su madre hacia la familia, Marta reflejó esta tenacidad en los campos de fútbol de todo el mundo. Si su madre podía levantarse a las 5 a.m., trabajar un turno completo y regresar a casa a las 8 p.m. para cocinar y cuidar de la familia, entonces no había nada en el campo que pudiera compararse en términos de esfuerzo arduo. ¡Esta mentalidad hizo que Marta prosperara!

A los 14 años, Marta dejó de jugar descalza en las calles traseras de Alagoas cuando el club de fútbol brasileño Vasco da Gama le dio su primer contrato profesional. Impresionó tanto que en un par de años estaba jugando en Santa Cruz. Antes de darse cuenta, estaba en un vuelo a Suecia para jugar en el Umeå IK.

En Suecia, la joven de Brasil se transformó en un fenómeno mundial. Durante cuatro años con el club, hizo 103 apariciones, anotando un increíble total de 111 goles. ¡Eso es más de un gol por partido mientras usaba la camiseta negra del UIK!

El mundo nunca había visto a una jugadora de fútbol femenino con una abundancia de talento natural como Marta. Marta podía esquivar a cualquier oponente con facilidad —su complexión robusta desafiaba la velocidad con la que fácilmente regateaba a los defensores. Inevitablemente, la gente la comparaba con sus compatriotas brasileños masculinos, Ronaldinho y Rivaldo, quienes habían sido ídolos para Marta mientras crecía, especialmente porque Rivaldo también era zurdo como ella.

Había una ligera diferencia, sin embargo. Ronaldinho y Rivaldo ganaron cada uno un Balón de Oro mientras que Marta ¡ganó SEIS! ¡Cinco de los cuales fueron consecutivos! La dominación que Marta tuvo en el juego femenino fue incomparable. Ningún otro atleta en el deporte ha llegado siquiera a mantener su estatus como la mejor durante tanto tiempo. Lionel Messi estuvo cerca, pero ni siquiera el mejor jugador masculino de todos los tiempos logró ganar el premio Balón de Oro 4 veces seguidas.

Drible tras drible y gol tras gol, Marta mostró al mundo entre 2006 y 2010 que era la campeona indiscutible del mundo del fútbol —su punto culminante llegó en la Copa Mundial Femenina de 2007 donde anotó 7 goles para convertirse en la Bota de Oro del torneo. Brasil derrotó a EE. UU. (que eran los favoritos para ganar el torneo) 4-0 en la semifinal para preparar un enfrentamiento con Alemania. Perdieron 2-0 en el evento principal, pero eso no impidió que Marta fuera nombrada la mejor jugadora del torneo y se llevara el Balón de Oro con ella. ¡Se había convertido en un fenómeno mundial que estaba en la cúspide de su poder!

De regreso en casa, y gracias a Marta, los brasileños finalmente estaban tomando nota del equipo nacional de fútbol femenino después de años de negligencia. De repente, a Marta se la comparaba con Pelé, el mejor jugador brasileño masculino que jamás haya jugado al deporte. ¡Pelé mismo llamó a Marta "Pelé con falda" - lo cual no solo fue irrespetuoso para una jugadora que, según algunos, era tan buena, si no mejor que él, sino que también mostraba que había batallas más importantes que ganar en la carrera por deshacerse de estereotipos innecesarios como los de las mujeres que se representan con faldas!

Eso no afectó a Marta. Su dominio en el escenario mundial comenzó cuando solo tenía 17 años y duraría décadas. Ella cautivaría a

Millones de niñas en todo el mundo durante muchos años.

En la Copa Mundial de 2019, anotó su 17º gol en la Copa Mundial, convirtiéndose en la máxima goleadora de la historia de la Copa Mundial en competiciones tanto masculinas como femeninas, superando el récord de todos los tiempos de Miroslav Klose de 16 goles en 4 torneos. Marta no solo se convirtió en la máxima goleadora de la Copa Mundial de todos los tiempos, sino que también fue la primera futbolista, de cualquier género, en marcar en cinco Copas Mundiales, un logro que en el fútbol masculino solo ha sido igualado recientemente por Cristiano Ronaldo.

La habilidad y el talento técnico de Marta también tuvieron un impacto en el ámbito del fútbol olímpico. En los Juegos Olímpicos de 2020, se convirtió en la primera futbolista en marcar un gol en cinco Juegos Olímpicos consecutivos, ganando a su país una medalla de plata tanto en Atenas 2004 como en Pekín 2008.

El mayor reconocimiento en el campo que se le puede dar a Marta es que fue nombrada Jugadora del Año en seis ocasiones, a pesar de nunca haber ganado ningún título importante para su país. En un deporte donde la mayoría de los reconocimientos se otorgan después de una victoria en un gran trofeo, habla mucho del talento y la habilidad de Marta.

Sin embargo, el mayor homenaje a Marta radica en reconocer el legado que deja fuera del campo. Ella es un faro de esperanza para las niñas que luchan por abrirse camino en los equipos de fútbol de niños, especialmente en pueblos y ciudades donde aún no han surgido equipos femeninos. Su viaje es una inspiración para innumerables mujeres en todo el mundo que enfrentan discriminación debido a su pasión por el fútbol. La incansable determinación de Marta para seguir su amor por el deporte sirve como un recordatorio poderoso de que todo es posible con perseverancia y dedicación.

Líder intrépida dentro y fuera del campo, Marta derramó más lágrimas en los primeros días de su carrera que la mayoría de los profesionales. Sin embargo, esas lágrimas no fueron derramadas en vano. Fueron derramadas como un testimonio de su determinada persistencia para allanar un camino más fácil para las generaciones futuras de niñas que seguirán sus pasos. Las lágrimas de Marta fueron un sacrificio, un símbolo de las luchas que soportó para que otros enfrentaran menos obstáculos. Ella lloró no por sí misma, sino por la promesa de mañanas más brillantes para aquellos que se atreven a soñar. Y mientras abría caminos y rompía barreras, Marta nos mostró que a través del trabajo duro y la tenacidad, podemos superar nuestros desafíos y surgir victoriosos. Al final, sus lágrimas dieron paso a sonrisas radiantes para las mujeres de todo el mundo —las sonrisas del triunfo, de la resistencia y de la esperanza para un mañana mejor.

EPÍLOGO

Al reflexionar sobre los increíbles viajes compartidos en estas páginas, queda claro lo impactantes que han sido estas mujeres más allá del campo de fútbol. Y también lo similares que han sido todos sus caminos. Sus historias son faros de esperanza, generando cambios y motivando a personas de todos los ámbitos de la vida a perseguir sus sueños sin miedo y desafiar las normas. Nos muestran que las barreras están para ser derribadas, los estereotipos están hechos para ser destrozados, y los sueños valen la pena perseguirlos con todas nuestras fuerzas.

Al concluir esta aventura a través de la historia del fútbol femenino, no olvidemos las valiosas lecciones que hemos aprendido y los relatos inspiradores que hemos escuchado. Depende de nosotros seguir empujando límites, desafiando expectativas y defendiendo la igualdad de género en el deporte. Y lo más importante, esperemos que las historias compartidas en este libro enciendan una chispa en los corazones de las futuras estrellas femeninas del fútbol, recordándoles que la pasión, la determinación y la autoconfianza pueden hacer posible cualquier cosa tanto dentro como fuera del campo.

Brindemos por estas increíbles mujeres cuyas historias tienen el poder de alimentar los sueños de todos los que las leen. Que inspiren a cada uno de nosotros a soñar en grande, apuntar alto y dejar nuestra propia marca inolvidable en el mundo del fútbol.

RECONOCIMIENTOS

Quiero hacer un agradecimiento especial a Verity Hayhow por su increíble trabajo en el diseño de la portada e ilustraciones. Y un gran agradecimiento a Sophie por su increíble apoyo, significa mucho para mí.

SOBRE EL AUTOR

Michael Langdon es un escritor consumado y un asistente experimentado de cinco Copas del Mundo, lo que demuestra su profunda pasión por el fútbol. Comenzó su viaje futbolístico entrenando fútbol juvenil en los Estados Unidos, sentando las bases para sus futuros proyectos.

Después de alcanzar el estatus de best seller con su libro "Bienvenidos a la Era de la Emoción", Michael centró su atención en su mayor pasión: el fútbol. Esto marcó el comienzo de su innovador trabajo, "Las Historias de Fútbol Más Asombrosas de Todos los Tiempos", un testimonio de su dedicación y amor por el deporte.

Como productor de video galardonado y autor de best sellers, Michael ha logrado un éxito notable. Ha seguido fielmente a su amado equipo de Inglaterra en las últimas cinco Copas del Mundo y regularmente disfruta de las tardes de sábado en el estadio The Amex en Sussex, viendo al Brighton & Hove Albion superar las expectativas.

Además de su habilidad para escribir, Michael es un comentarista mediático experimentado, conocido por sus videos perspicaces que han generado millones de dólares para sitios de comercio electrónico. Su experiencia le ha valido reconocimiento en publicaciones de renombre como The Huffington Post y Mashable. Como fundador y director gerente de Levity, la lista de clientes de Michael incluye empresas de comercio electrónico de primer nivel y gigantes globales como TikTok, Facebook y Speedo.

Actualmente, Michael dedica la mayor parte de su tiempo a su carrera en la publicación de fútbol, nutriendo su pasión por el deporte y compartiendo historias cautivadoras con sus lectores.

Conecta con el autor:

Instagram: @Itsmikelangdon

TikTok: @Itsmikelangdon

Facebook: @Iammlangdon

www.ingramcontent.com/pod-product-compliance
Lightning Source LLC
LaVergne TN
LVHW051637080426
835511LV00016B/2370